엄마 마음 내려놓기

엄마 마음 내려놓기

지은이 | 주견자
초판 발행 | 2013년 8월 1일
17쇄 발행 | 2023. 5. 18.
등록번호 | 제3-203호
등록된 곳 | 서울특별시 용산구 서빙고동 95번지
발행처 | 사단법인 두란노서원
영업부 | 2078-3333   FAX 080-749-3705
출판부 | 2078-3477

책 값은 뒤표지에 있습니다.
ISBN 978-89-531-1957-4 03230

편집부에서 독자의 의견을 기다립니다.
tpress@duranno.com   http://www.Duranno.com

두란노서원은 바울 사도가 3차 전도여행 때 에베소에서 성령 받은 제자들을 따로 세워 하나님의 말씀으로 양육하던 장소입니다. 사도행전 19장 8-20절의 정신에 따라 첫째 목회자를 돕는 사역과 평신도를 훈련시키는 사역, 둘째 세계선교(TIM)와 문서선교(단행본·잡지) 사역, 셋째 예수문화 및 경배와 찬양 사역, 그리고 가정·상담 사역 등을 감당하고 있습니다. 1980년 12월 22일에 창립된 두란노서원은 주님 오실 때까지 이 사역들을 계속할 것입니다.

하버드대학원 교수
조세핀 김 어머니

빵점 엄마 주견자 사모의 맡기는 교육

엄마 마음 내려놓기

주견자 지음

두란노

추천의 글
내려놓은 만큼 성장하는 자녀들

아주 흥미롭고 품위가 있으며 탄탄한 책입니다. 저자인 주견자 사모님과 저는 오랜 세월 끈끈한 관계를 이어오고 있습니다. 주견자 사모님은 초등학교 6학년 시절 저를 통해 복음을 전해 듣고 그 삶이 변화되었습니다. 하나님 앞에 드려진 김학수 목사님과 주견자 사모님의 삶으로 인해 그들의 자녀들 역시 하나님을 섬기며 그로 인한 복을 누리게 되었습니다. 제가 김학수 목사님과 주견자 사모님의 결혼 주례를 맡았는데, 그 자녀들인 김명은 목사와 김명화 교수까지 대를 이어 주례를 서는 기쁨을 누렸습니다.

TV 방송을 시청한 분이라면 하나님께서 이 가정을 얼마나 축복하시고, 그분의 손길로 매만지셨는지 잘 아실 겁니다. 김명은 목사는 하나님의 일꾼으로서 메릴랜드 베다니교회에서 한인 2세를 위해 거룩하게 쓰임 받고 있고, 김명화 교수는 하버드대학교 교육대학원에서 교수로 섬기고 있으며, 김명현 형제는 버지니아폴리테크닉 주립대학원에서 학교상담을 전공하고 학교전문상담가로 아름답게 하나님을 섬기고 있습니다.

　이렇게 가정이 아름답게 세워질 수 있었던 것은 전적으로 하나님의 은혜입니다. 그 은혜로 저자인 주견자 사모님이 주님을 알게 되었고, 남편인 김학수 목사님과 함께 주 안에서 자녀들을 양육하며, 진리의 릴레이를 펼치면서 자녀들을 훌륭한 하나님의 사람으로 길렀습니다. 저자는 자녀들의 삶에 하나님의 손길이 가득하도록 내려놓을 줄 아는 분입니다. 그만큼 이 책에는 저자가 자녀를 양육하는 가운데 하나님께서 하신 역사들이 가득 담겨 있습니다. 또 이 책은 주견자 사모님이 방송에 출연한 후에 시청자들의 강한 요구로 저술된 만큼, 자녀들을 하나님의 은혜로 양육하려는 독자들의 필요에 크게 부응할 것입니다.

　이 책은 단연코 가장 감사가 넘치는 탁월한 책입니다. 일단 이 책을 손에 들면, 저자의 경험으로부터 그려지는 하나님의 능력과 교훈에 사로잡혀 마지막 장을 덮을 때까지 내려놓기 힘들 것입니다. 하나님께서 주견자 사모님을 사용하고 계심으로 인하여 주님께 찬양을 드립니다. 그리고 주견자 사모님의 저술 사역이 주님을 위한 복된 사역에 더욱 귀히 쓰임 받게 되기를 기대하며 많은 부모들에게 일독을 권합니다.

김우생
불광동성서침례교회 담임목사
성서침례대학원대학교 총장

프롤로그

주님은 나를 엄마가 되게 하셨다

초등학교 시절, 갑작스런 아버지의 죽음으로 절망하던 중 주님을 만났고, 이후 나의 꿈은 주님의 말씀을 가르치는 교사가 되는 것이었다. 그런데 나의 꿈을 너무도 잘 아시는 주님은 나를 엄마가 되게 하셨다.

첫아들은 당연한 선물로 받아들였다. 둘째는 딸이었다. 가족이 완성되었다는 생각이 들었다. 그런데 두 아이를 어느 정도 키운 뒤 이제 나의 꿈을 펼쳐 볼까 하던 그때에 주님은 내게 세 번째 아이를 주셨다. 그때 나는, 나를 자꾸만 엄마의 자리에 앉으라 하시는 하나님과 정면으로 충돌했다.

"주님, 저의 꿈은 주님의 말씀을 가르치는 교사가 되는 거라고요!"

그런데 주님은 이렇게 대답하셨다.

"그래서 나는 네가 엄마가 되기를 원한다. 네가 아이들의 교사다."

한나는 꽤 재력이 있는 남편이 있었다. 마음만 먹으면 어렵게 얻은 아들 사무엘을 시설이 좋은 학교에 유학 보낼 수 있었고 가정교사를 둘 수도 있었다. 그러나 그녀는 세상의 교육이 아이의 영혼을 죽인다는 사실을 알았다. 그래서 겨우 젖을 뗀 어린 아들을 하나님의 성전으로 조기유학 보냈다. 당시 여인은 하나님의 말씀을 배울 기회가 없어서 아는 게 없었기 때문이다.

하지만 요즘은 세상이 달라졌다. 엄마들도 성경 말씀을 알 만큼은 안다. 그런데 유능한 엄마일수록 말씀은 뒤로 미루고 세상식 교육을 아이들에게 강요하는 데 빠르다.

나는 성서침례대학원대학교에서 신학을 전공했다. 어린 시절부터 나는 세상적인 재미는커녕 세상식 교육 이론이나 문화에 대해 변변히 아는 게 없었다. 그런 탓에 아이들에게 가르칠 것이라곤 '내가 아는 주님의 말씀'밖에 없었다. 그래서 고지식하게 '내가 아는 말씀대로'만 가르쳤다. 그런 나를 주님은 '내 아이의 교사'라고 말씀하셨다.

"네가 학교다. 네가 교사다. 내가 네게 맡긴 아이들을 가르쳐라!"

40년 간 자녀를 키워 놓고 나서야 그 말씀의 뜻을 깨닫기 시작했다. 그렇다. 엄마는 하나님의 나라를 자녀에게 가르치는 교사다. 엄마는 말씀의 풀을 씹어 풍성한 말씀의 젖을 자녀에게 먹일 거룩한 의무가 있다. 세상 한가운데서 말씀대로만 아이들을 키운다는 것은, 때론 모든 것을 건 전쟁과도 같았다. 하지만 그런 엄마들의 결단과 노력을 주님께서 얼마나 풍성하고 놀랍게 축복하시는지 모른다. 이제 나는 그 얘기를 하려고 한다.

여기, 나의 부끄러운 고백과 시행착오가 있다.

세상에 자녀들을 빼앗기고 신음하며 아파하는 어머니들에게 위로와 용기를 줄 수 있기를 간절히 기도한다.

2013년 8월
주견자

차례

추천의 글 4
프롤로그 6

Chapter 1 나는 빵점 엄마 14

땅의 아버지를 잃은 뒤 하늘의 아버지를 만나다
독실한 유교 집안의 1대 신앙 목사와 결혼하다
이십대 사모, 가난한 여인들의 산파가 되다
첫아이 낳은 후에야 알게 된 '나는 빵점 엄마'

Chapter 2 빵점 엄마의 100점 교육법 1 _ 신앙교육이 먼저다 30

갓난아기 때부터 예배 중심의 삶을 가르치다
예배 준비는 토요일부터 주일은 눈뜨는 그 순간부터가 예배다!
말씀을 아이의 마음에 새기라! 손으로 그린 성경 동화와 상금이 걸린 성경 암송
목사 자녀의 부담이 아닌 믿는 자녀의 유익을 가르치다
교회에서는 천사, 집에서는 원수? 언행일치 믿음으로 두 얼굴 고질병을 극복하라
단칸방에서 부모와 함께 자란 아이들 교회 성도들의 아픔을 품다
삼 남매의 간절한 합동기도! "하나님 냉장고가 갖고 싶어요!"
자신의 미래보다 하나님 일이 먼저! 장난꾸러기 큰아들이 엄마를 설득하다

Chapter 3 빵점 엄마의 100점 교육법 2_ **자존감을 높여라** 66

체벌은 이렇게 1 회초리는 멀리 두고 되도록 천천히 가지러 가라
체벌은 이렇게 2 맏이는 엄하게 체벌로, 응석받이 막내는 감정에 호소하다
말에 관한 교육 1 냉수 마시며 묵상하는 두 가지 말씀
말에 관한 교육 2 거짓말 치료엔 요한계시록이 즉효!
나쁜 버릇 고치는 것보다 아이의 자존감을 지키는 게 먼저
주면서 자란 아이, 가난해도 상처받지 않는다

Chapter 4 빵점 엄마의 100점 교육법 3_ **공부를 즐기게 하라** 94

공부도 예배처럼! 학교 가기 싫으면 밥도 먹지 마라!
학교 공부는 스스로 알아서! 점심은 굶어도 예배 도구인 음악교육은 필수
10문제 중에 4개나 맞혔니?
천지창조의 비밀로 아이를 가르쳐라

Chapter 5 빵점 엄마의 인생 전환기_ **삶이 곧 신앙이다** 110

영의 자녀들을 위한 남편의 미국 유학은 세 자녀를 위한 기도의 응답
린치버그에서 만난 아름다운 사람들 그들에게서 참 믿음의 삶을 배우다
콩글리시로 미국에서 거리전도 하다

Chapter 6 빵점 엄마의 100점 교육법 4_ 하나님이 키우신다 126

두드리라 그러면 열릴 것이요! 빈손으로 미국 명문 미션스쿨 보내기!
큰아들의 좌충우돌 유학 생활 하나님식으로 스트레스 풀다 천재성이 드러나다
한국인으로 태어나게 하신 데는 이유가 있다! 빵점 엄마의 치열한 모국어 수업
하나님은 왜 우리에게 자녀를 주시는가 원치 않던 셋째 아이와 믿음의 시험대
죽어 가는 아이 앞에서 회개하면서도 살려 달라고 기도조차 할 수 없던 엄마
믿음의 광야에서 기적을 체험한 아이들이 큰 무리의 영혼을 구원하게 하소서

Chapter 7 빵점 엄마의 100점 교육법 5_ 광야로 자녀를 떠나보내라 154

두 아이, 자기 힘으로 다시 유학길에
자녀에게 말씀의 씨앗을 심어 하나님의 광야로 떠나보내라
빈손으로 막내아들 미국 보낸 엄마 부모 도움 없이 남동생 공부시킨 누나
또다시 죽음의 위기를 넘긴 막내아들에게 "극복할 수 있는 건 장애가 아니다"
버지니아텍 총격 사건이 막내의 인생을 바꾸다

Chapter 8 빵점 엄마의 100점 교육법 6_ 자녀의 홀로서기를 도우라 176

큰아들 김명은 목사
첫 번째 유학 생활 5학년에서 1학년으로, 우등생에서 반벙어리로
두 번째 유학 생활 가난이 싫어서 부자 되려고 수학도가 되었으나…
딸 김명화 교수
열일곱 살에 미국 유학, 독학으로 대학을 조기 졸업하다
누나의 미국에서 동생 키우기
막내아들 김명현 학교전문상담가
"누나가 집에 오면 한 시간만 혼자 있게 해줄래?" 서로 배려하는 가족애 배우다
한국에는 부모님이, 미국에는 하나님이

Chapter 9 자녀들이 기억하는 '빵점 엄마, 100점 엄마' 198

큰아들 김명은 목사
부모의 권위로 막지 않고 끝까지 자녀를 기다려 주신 어머니
딸 김명화 교수
원칙은 분명하게, 적용은 유연하게
부지런한 한국 어머니의 표상
삶과 신앙이 일치했던 어머니
성적보다 인간 됨됨이를 더 중요하게
자신의 꿈을 자녀에게 강요하지 않는 어머니
원칙을 가르친 뒤에는 자녀의 결정을 존중한다
반항기 딸과 아들을 대하는 법
막내아들 김명현 학교상담전문가
말로 상처 준 적 없는 어머니
믿음을 삶으로 보여 주신 어머니
스펙이 아닌 행복한 삶을 위해 배워라
음악은 크리스천의 필수 과목

Chapter 10 빵점 엄마가 만점 엄마에게 살리는 교육에 올인하라 234

우상처럼 숭배하거나 방치하거나
당신은 지금, 하나님이 아닌 돈의 힘을 가르치고 있다
세상식 교육 vs. 신앙교육 양자 택일이 아닌 우선순위의 문제

Chapter 1

나는 빵점 엄마

세상적인 교육 지식이 전무한 엄마, 나는 나 자신이 두려워지기 시작했다.
머릿속에선 '과연 내가 이 험한 세상에서 이 어린 영혼을 잘 키울 수 있을까' 하는 의문이 떠나지
않았고, 어린아이를 볼 때마다 아무런 준비도 되지 않은 채
엄마가 된 사실이 너무도 어리석게만 여겨졌다.
돌이킬 수 없는 현실 앞에서 나는 절망하고 또 절망했다.

땅의 아버지를 잃은 뒤 하늘의 아버지를 만나다

아버지가 돌아가셨다. 초등학교 4학년이 되던 그해 그날은 내게, 하늘이 무너진 날이었다. 겨우 열한 살 어린 나이에 나는 절망을 알고 말았다. 아버지는 삼 남매의 막내인 나를 유난스럽게 사랑하셨다. 그 덕에 코흘리개 시절 나의 놀이터는 아버지의 등이거나 어깨 위였다. 그 위에서 내려다보는 세상은 모두가 내 발아래였고 나는 세상의 꼭대기에 있었다. 아버지는 나의 하늘이요 나의 전부였다.

그런 아버지가 돌아가신 후 단란했던 가정도 무너져 갔다. 태어나면서부터 너무도 당연하게 누려 온 것들을 하나씩 포기해야 하는 그 억울하고 서러운 심정을 겪어 보지 않은 사람은 모를 것이다. 그때 나는 배신감을 알았다. 하늘처럼 의지하던 아버지에게 버림받았다는 생각을 지울 수가 없었고 이후로는 그 누구도 믿지 않는 아이로 변해 갔다. 무엇보다 견딜 수 없었던 것은 꿈을 꿀 수 없다는 사실이었다. 다른 아이들처럼 학교에 가 보지도 못하고 시골집에서 쳇바퀴만 맴 맴 도는 삶을 평생 살아야 한다는 절망감이 나를 짓눌렀다.

그러던 어느 날 전남 장흥의 깊은 산골마을에 키가 족히 2m는 되어 보이는 벽안(碧眼)의 서양인들이 나타났다. 그들은 깜짝 놀랄 좋은 소식을 전하기 위해 머나먼 미국에서 한국의 오지까지 왔다고 했다. 얼마나 좋은 소식이기에 그 먼 길을 왔을까. 의아하긴 했지만 나와는 상관 없는 일이라 여겼다. 내게 좋은 소식이란 단 한 가지, 돌아가신 아버지가 다시 살아 내 곁으로 돌아오는 것뿐이었다. 그러던 어느 날, 벽안의 선교사가 이렇게 말했다.

"육신의 아버지는 돌아가셨지만 하늘에는 영원히 살아 계셔서 너를 끝까지 돌보시는 아버지가 계시단다."

그 말에 내가 받은 충격은 이루 말할 수가 없었다. 죽지 않는 아버지가 있다니! 그 아버지는 하늘에 계신데, 온 세상을 지으시고 사랑이 풍성하셔서 아이들의 소원을 다 들어주신다고 했다. 거짓말! 세상에 그런 아버지가 있을 리 없어! 한번 상처받은 마음은 쉽게 열리지 않았다.

그런데 그 복음에 마음이 열린 사람이 있었다. 바로 나의 어머니였다. 하루아침에 남편을 잃고 과부가 된 어머니는 하나님의 사랑에 자신의 힘겨운 짐을 맡기고, 그 은혜에 의지하기로 결단했다. 그 바람에 나를 포함한 세 자녀는 얼떨결에 복음을 받아들이고 선교사님들에게 침례를 받게 되었다. 그 선교사님들 가운데 한 분이 내 인생에 결정적인 힘을 준 베스킨 선교사님이고 이때 통역으로 오신 분이 현재 불광동성서침례교회 담임목사이자 성서침례대학원대학교 총장인 김우생 목사님이다.

살아도 죽은 사람이나 다름없던 어머니가 이후 완전히 새 사람이 됐다. 하루에도 몇 번씩 넋이 나간 사람처럼 앉아 있던 어머니의 얼굴에 다시 웃음꽃이 피어났다. 어머니는 우리의 유일한 재산이던 허름한 시골집을 고쳐 교회를 세운 뒤 선교사님들을 도왔다. 힘겹게 농사를 지어 네 식구가 겨우 입에 풀칠을 하는 형편이었지만 어머니는 1년에 적어도 쌀 두 가마니를 저축해서 교회에 헌금으로 내곤 하셨다. 그런 어머니의 신앙은 자녀들에게 이어졌고 절망에 빠져 있던 나도 다시 희망을 품기 시작했다.

"하나님 아버지, 저도 학교에 가고 싶습니다. 다른 아이들처럼 도시에 있는 중학교에 가고 싶습니다. 아버지보다 더 좋으신 하나님, 저도 학교에 보내 주세요!"

기도를 시작한 나는 하나님이 학교에 보내 주실 것이라 믿고 학자금을 모으기로 결심했다. 초등학생인 내가 할 수 있는 일이라곤 산에 있는 풀을 꺾어서 김을 말리는 발을 만들어 파는 일이 전부였다. 손으로 풀을 꺾다가 손을 베어도, 쪼그려 앉아 일을 하느라 다리가 저려도, 나는 그 일을 멈추지 않았다. 힘들어서 더 이상 할 수 없을 때마다 풀뿌리를 붙잡고 울면서 하나님께 기도했다. 그러던 어느 날, 놀라운 소식이 전해졌다. 선교사님이 나의 형편을 아시고 본국 교회에 도움을 요청했는데 어느 교인이 나의 학비를 보내 주기로 했다는 것이었다. 어떻게 이런 일이 있을 수 있지? 소식을 듣고도 믿어지지 않았다. 하나님이 내 기도를 들어주셨다는 사실도 놀라웠지만 믿음 하나로 그 먼 곳에서 얼굴도 모르는 날 위해 매달 적지 않은 돈을 헌금하기로 했다는 그들도 기이하기만 했다. 결국 그분이 보내 준 돈으로 나의 학자금뿐만 아니라 오빠 언니의 학자금까지 보탤 수 있게 되었다. 이후 하나님은 나의 공급자, 나의 아버지가 되어 주셨다. 육신의 아버지를 잃고 절망에 빠져 있던 나는 그렇게 하늘의 아버지를 만났다. 그분은 내가 공부하는 데 필요한 모든 것을 기적적으로 공급하셨고 결국 나는 성서침례대학원대학교까지 무사히 졸업하게 되었다.

독실한 유교 집안의 1대 신앙 목사와 결혼하다

신학대학을 졸업한 지 1년 뒤, 나는 목회자 남편을 만나 결혼했다. 목회자와 결혼한 것은 사모의 길을 가겠다는 소명감 때문은 아니었다. 주님을 알고 도시에 나와 공부를 하면서 나에게는 또 하나의 꿈이 생겼는데 그것은 성경 말씀을 잘 가르치는 교사가 되는 것이었다. 그러기 위해서는 말씀을 잘 아는 목사님과 결혼하는 게 좋을 것 같았다. 나의 즐거움은 오직 말씀을 통해 하나님을 만나는 것뿐인데 만일 다른 직업을 가진 사람과 결혼을 하면 부부가 그런 기쁨을 공유하는 삶이 불가능할 것 같았다.

이런 생각 때문인지 좋은 직장을 가진 믿음 있는 청년들과 선을 보라는 권유가 많았지만 이상하게 마음이 가질 않았고 결국 남편 김학수 목사를 만난 뒤 결혼을 결정하게 되었다.

그런데 남편과의 결혼은 출발부터 산 너머 산이었다. 엄격한 유교 집안의 6형제 중 다섯째로 태어난 남편은 가족 중 첫 번째 신앙의 열매였다. 그 때문에 가정에서 모진 핍박을 받아야 했다. 명절이면 일가친척이 적어도 60~70명 모이는 명문 집안이었으니 6형제 중 다섯째인 남편은 거의 막내나 다름없었다. 그렇다 보니 남편이 예수님을 전하고 싶은 마음이 굴뚝같아도 말이 먹히지 않는 상황이었다.

남편에게도 문제는 있었다. 신앙이 베드로처럼 단순하고 우직해서 가족에게 전도할 때도 복음을 전한다기보다 던지는 스타일에 가까웠다. 아무튼 그 타고난 스타일 때문에 성경이 찢겨 나가고 식사기도를 하는 사이에 밥그릇이 없어지고 형들이 던진 숟가락에 맞아서 얼굴에 흉터가 생겼다. 하루도 편할 날이 없었다.

특히 가족이 모이는 식사 시간에 사고가 집중됐다. 그렇다 보니 한창 클 나이에 밥 한 끼도 제대로 먹지 못했다. 안타까운 마음으로 지켜보시던 어머니가 고구마 같은 걸 쪄서 높이 뒀다가 비밀 통로로 몰래 먹이곤 하셨다.

그렇게 겨우 중학교를 졸업하고 고등학교를 가야 하는데 아버지는 예수를 믿는다는 이유로 학교를 보내 주지 않았다. 남편은 하는 수 없이 집을 나와서 서울로 상경한 뒤 식당에서 일을 하며 지냈다. 그런 아들 때문에 가슴앓이를 하던 어머니가 급기야 식음을 전폐하고 자리에 눕고 나서야 남편은 집으로 돌아올 수 있었고 그 이듬해 고등학교 진학 시험을 봤다. 그런데 당시 그 동네에서 고입 시험을 본 사람이 10명이 넘었다는데 다 떨어지고 딱 한 사람 남편만 합격했다.

다른 집 같으면 잔치라도 해줬을 장한 일이었지만 그런 일은 없었다. 그저 완고하신 아버지가 고등학교 입학금을 준 게 전부였다. 돈이 장롱 안에서 썩어도 예수쟁이한테는 학비를 보태 줄 수 없다고 하시는 바람에 남편은 집에서 키우는 젖소의 젖을 짜서 배달하는 등 마치 종처럼 일을 해서 학비를 벌어야 했다.

그런 어려운 상황에서도 남편은 우연히 피아노에 재미를 느끼기 시작했다. 그렇게 접한 피아노에 타고난 재능까지 있다는 사실을 알고 난 뒤 남편은 음대에 가고 싶어 했다. 하지만 그것도 아버지 눈에는 탐탁지 않았다. 대갓집 자손으로 태어나 예수를 믿는 것도 모자라

음악 나부랭이를 한다는 게 말이 되느냐고 역정을 내셨다. 결국 남편의 음대 진학은 좌절됐다. 하지만 그는 실망하지 않고 하나님의 뜻을 묻던 중 성서침례대학원대학교에 진학해 목회자의 길을 걷게 됐다.

그런 남편과 결혼할 때 시댁 쪽 좌석은 텅 비어 있었다. 시아버지는 며느리까지 예수쟁이라고 아예 호적에서 파 버리라고 난리를 치셨다. 그랬다가 나중에는 아들이 불쌍했던지 나에게 "예수 믿는 것까지는 괜찮으니까 목사는 하지 못하게 하라"고 권하셨다. 하지만 나는 "하나님이 주신 마음을 사람이 어떻게 막겠습니까? 그 면에 있어서는 저도 아드님 못지않게 확고합니다"라고 대답했다. 그러자 시아버지는 모든 것을 포기하신 듯 더 이상 아무 요구도 없으셨다. 부산에서 전도사로 첫 사역을 시작한 우리 부부는 교회를 개척하라는 하나님의 마음을 따라 서울로 올라와 지금의 신길동에 정착하게 되었다.

그런데 모질게 핍박받으며 지킨 믿음이어선지 남편은 사춘기 때 만난 하나님을 향한 그 뜨거운 첫사랑이 지금까지 변함이 없다. 한마디로 신앙에 관해서는 어떤 타협도 없다. 설교도 거의 대부분 성경 말씀 그대로를 가지고 한다. 몇 마디 겨우 살을 붙일 뿐, 완전한 하나님 말씀에 더 이상 무슨 설명이 필요하냐고 말하는 사람이다. 지금도 여전히 말씀을 전한다기보다는 사람의 심장을 향해 던지는 스타일이다.

설교할 때뿐 아니라 말씀을 실천할 때도 마찬가지다. 힘들면 더러 하나님을 원망할 만도 한데 남편은 지금껏 단 한 번도 그런 적이 없다. 처음에는 그런 남편이 너무 답답해서 '어쩜 저렇게 말을 안 할까. 분명히 화가 났을 텐데, 혹시 사람이 좀 모자란 게 아닐까' 하고 혼자 속앓이를 하기도 했다.

이십 대 사모, 가난한 여인들의 산파가 되다

그때가 1972년이니까 벌써 40여 년 전 얘기다. 당시 신길동은 서울에서도 완전히 변두리 허허벌판이었다. 성경에 나오는 영문 밖, 바로 그런 곳이었다. 화려한 서울의 얼굴 뒤에 가려진 가난하고 상처받은 사람들이 버림받은 듯 살고 있었다. 우리 부부는 그들의 상처투성이 눈빛을 보고 '아 바로 여기다' 생각하고 세를 얻어 교회를 개척했다. 기도하는 시간 외에는 일주일 내내 하루 종일 거리에 나가 전도했다. 성경도 예수님도 전혀 모르는 영혼들을 한 사람 두 사람 인도해서 말씀을 가르치고 교회 생활을 가르쳐서 성도로 만들어 갔다.

그런데 그렇게 모인 가난하고 상처받은 사람들과 살다 보니 하루도 바람 잘 날이 없었다.

이렇다 할 직업이 있는 사람이 없으니 대부분은 의료보험조차 없었고 임신을 해서 애를 낳을 때가 되어도 병원에 가는 사람이 없어서 산파도 아닌 내가 아이를 받아야 하는 일도 많았다. 동네에 아이 받은 경험이 많은 할머니가 계셨지만 연세가 많으셔서 그분께만 오롯

이 의지하기가 겁이 났던 것이다. 그래서 성도들을 도울 마음으로 한 번 두 번 산파 할머니를 도와주다 보니 성도들은 나를 무슨 슈퍼우먼인 줄 알고 무슨 일이든 찾아와 부탁을 하곤 했다. 그때 내 나이 겨우 스물다섯, 하지만 믿고 의지할 데 없는 가난한 성도들의 부탁을 외면할 수는 없었다.

지금도 처음 아이 받았던 때의 기억이 생생하다. 아직 산기가 뚜렷하지 않아서 산파 할머니가 잠시 시장에 다녀오시는 사이 자궁이 떡 벌어지는 소리가 나는 게 아닌가. 산모는 죽겠다고 소리를 지르고 나는 너무 놀라 급한 마음에 기도가 터져 나왔다.

"주님, 산파 할머니가 올 때까지 아이가 나오지 않게 해주세요. 주님, 저를 보셔서 조금만 기다려 주세요!"

그런데 정말 신기하게도 금방이라도 나올 것 같던 아기는 결국 산파 할머니가 오신 다음에 태어났다. 어찌나 놀랐던지 그날 산파가 뭘 했는지 기억도 나지 않을 만큼 진땀만 흘렸다. 그런데 영문도 모르는 교인들은 그날 이후 애를 낳을 때면 나를 불렀다. 낮이건 밤중이건 다급하게 부르는 성도들의 청을 뿌리칠 수 없어 달려갔다. 아찔할 때도 많았다. 언젠가는 아이를 낳은 직후 산모가 기절을 하고 말았다. 깜짝 놀라 홑이불에 산모를 싸서 병원으로 달려가 겨우 살렸다. 그렇게 살려 낸 산모와 아기들이 수십 명, 이젠 그 아이들이 결혼해서 가족을 이룬 걸 보면 '생명 하나가 세상에 나온다는 건 너무도 신기한 일이란 걸' 새삼 느끼게 된다.

첫아이 낳은 후에야 알게 된 '나는 빵점 엄마'

결혼했을 때 남편은 부산중앙성서침례교회에서 전도사로 사역하고 있었다. 나는 결혼 후 교회 사무실에서 일하게 됐는데 당시 미국인 선교사로서 교회를 담임한 목사님과 그 가족을 보면서 참 귀한 것을 배웠다.

당시는 1970년대로 온 나라가 참으로 가난한 때였다. 부산의 달동네 같은 데서 목회를 한다는 건 한마디로 전쟁이나 다름없었다. 그럼에도 불구하고 선교사님과 그 가족은 급한 게 없었다. 믿음이란 단지 예배나 기도나 봉사가 아니라 삶 자체임을 그들을 통해 알 수 있었다. 당시 우리나라 믿음의 1세대 어머니들의 믿음은 새벽마다 예배당에 모여서 눈물로 기도하는 절박한 것이었다. 그러나 선교사님 가족의 삶은 너무나 평온했고 그저 물 흐르듯이 자연스러웠다. 곁에서 지켜보는 것만으로도 내겐 하루하루가 감동이었다. '시냇가에 심은 나무가 철을 따라 열매를 맺는다'는 성경 말씀이 무엇인지 그들을 통해 알 수 있었다.

그런 분들과 있다 보니 첫아이를 임신했을 때 특별히 태교가 필요하지 않았다. 나는 그저 매 순간 나 자신이 주님 안에 머물 수 있도록 마음을 썼다. 아기가 생긴 뒤 내가 특별히 의식적으로 한 생각이라곤 '아 이제부터는 나 혼자가 아니라 이 아이와 함께 찬양하고 기도하고 복음을 전한다'는 것뿐이었다.

어쩌면 그것이 목회자 가정에서 태어나는 아이의 복이 아닐까 싶다. 목회자도 너무 많이 부족하지만 그래도 사역을 감당하는 사람으로서 언제나 최선을 다해서 하나님께 가까이 가려고 노력하기 때문이다. 남편과 나도 그 길을 가기 위해 늘 치열하게 자신과 싸우며 살았고 우리가 노력한 만큼 아이도 주님 앞에 가까이 나가게 된다는 것에 늘 감사했다.

배가 점점 불러 올 무렵인 1972년 가을, 우리 부부는 교회 개척을 위해 서울로 올라와 그해 10월 28일에 개척예배를 드렸다. 그리고 11월 9일 첫아이를 낳았다. 그런데 아이를 낳고 보니 눈앞이 캄캄했다. 개척교회의 사모로서 사는 것만도 벅찬데 한 아이의 엄마가 된 것이다. 더군다나 첫아이라 미숙해서 어떻게 돌보고 길러야 하는지 전혀 몰랐다. 아기의 얼굴을 보면 그저 감격스러웠지만 정작 엄마의 자리로 돌아오면 어떻게 해야 할지 막막하기만 했다.

이럴 때 남편이라도 도와주었으면 했지만 개척교회의 목회자로서 남편은 말씀으로 낳은 영의 자식들을 키우느라 여념이 없었다. 정작 우리 아이를 낳고 키우는 기쁨을 나눌 시간도 없었던 것이다. 나는 그런 남편이 야속했다. 그래서 아기를 낳고 나서 처음 얼마 동안은 남편과 갈등이 많았다. 도대체 사람들은 왜 결혼을 하는지, 아이는 왜 낳는지, 그리고 나는 무슨 배짱으로 목회자의 아내가 되었는지… 마음의 평화는 사라지고 걷잡을 수 없는 후회의 파도가 거세게 밀려왔다. 그렇게 깊은 회한으로 복잡해진 눈빛으로 아이의 눈과 마주칠 때면 내가 어린 생명에게 너무나 큰 죄를 짓는 것 같아 울음을 터뜨리곤 했다.

그런데 시간이 지나면서 더 심각한 현실을 깨닫게 됐다. 내가 세상의 엄마들과는 전혀 다른 종류의 사람이라는 것을 알게 된 것이다.

돌이켜보면 나는 육신의 아버지가 돌아가신 그날부터 하나님 아버지만 바라보고 살았다. 세상 문화를 즐기기는커녕 접해 본 적도 없었다. 십 대 때부터 나는 아주 친한 친구들과 간간이 만나는 것 외에는 집에서 어머니를 도우며 말씀 묵상하는 게 취미였다.

신학대학에서 신학을 전공한 후 목회자인 남편을 만나 바로 결혼했으니 내가 할 줄 아는 것이라곤 기도뿐이었고 아는 지식이라곤 말씀이 전부였다.

세상적인 교육 지식이 전무한 엄마, 나는 나 자신이 두려워지기 시작했다. 머릿속에선 '과연 내가 이 험한 세상에서 이 어린 영혼을 잘 키울 수 있을까' 하는 의문이 떠나지 않았고, 어린아이를 볼 때마다 아무런 준비도 되지 않은 채 엄마가 된 사실이 너무도 어리석게만 여겨졌다. 돌이킬 수 없는 현실 앞에서 나는 절망하고 또 절망했다.

그러던 어느 날, 아이를 품에 안고 새 생명의 힘찬 박동소리를 듣다가 나는 하나님의 선하심 앞에 무릎을 꿇기로 했다. 아버지가 돌아가신 그때처럼, 하늘이 무너진 것만 같던 그때처럼, 나는 하늘의 아버지이신 그분의 선하심과 사랑밖에는 의지할 데가 없었다. 나에게 목회자 남편을 허락하신 것도 나를 엄마라는 존재로 만드신 것도 주님의 완전하신 계획임을 믿기로 했다. 지금 나에게 생명을 주셨으니 능히 내가 이 아이를 주님의 아름다운 자녀로 키우게 하실 것임을 믿기로 했다. 주님의 뜻이 있다면, 나 같은 빵점 엄마도 한 아이를 넉넉히 키울 수 있지 않을까. 어쩌면 그것이 우리 가정에 새 생명을 허락하신 주님의 계획이 아닐까. 나는 드디어 사모 주견자가 아닌, 엄마 주견자로서 첫 기도를 올렸다.

"네, 주님, 주님이 주신 말씀과 지혜만으로 제게 주신 자녀를 키우겠습니다. 세상의 지식과 문화가 아닌 하나님의 지혜와 방법을 가르치겠습니다. 그것이 엄마인 제게 주님이 주신 이 아이의 유일한 먹거리니까요."

빵점 엄마의 맡기는 교육 1 – 하나님께 맡기다

나를 끝까지 보호하시는 진짜 아버지
중학교 진학을 위해 하나님께 울며 기도하던 어느 날 놀라운 소식이 전해졌다. 선교사님이 본국 교회에 도움을 요청했는데 어느 교인이 나의 학비를 보내 주기로 했다는 것이다. 하나님이 내 기도를 들어주셨다는 사실도 놀라웠지만 믿음 하나로 그 먼 곳에서 얼굴도 모르는 날 위해 매달 적지 않은 돈을 헌금하기로 했다는 그들도 기이하기만 했다. 이후부터 하나님은 나의 공급자, 나의 아버지가 되어 주셨다.

말씀으로 요동치 않으리라
남편은 사춘기 때 하나님을 만나 지금까지 그 뜨거운 첫사랑이 변함이 없다. 시댁 식구들의 극심한 핍박과 방해에도 전혀 흔들림이 없었다. 목회를 한 뒤 힘들고 어려운 일이 많았는데도 남편은 불평 한번 한 적이 없다. 모든 삶의 중심은 오로지 말씀이었다.

삶이 예배다
부산에서 만난 미국인 선교사님과 그 가족은 믿음이란 단지 예배나 기도, 봉사가 아니라 삶 자체임을 몸으로 보여 준 분들이다. 당시 우리나라 믿음의 1세대 어머니들의 믿음은 새벽마다 예배당에 모여서 눈물로 기도하는 절박한 것이었다. 그러나 선교사님 가족은 '시냇가에 심은 나무가 철을 따라 열매를 맺는다'는 말씀처럼 삶이나 신앙이 물 흐르듯 자연스러웠고 평온했다. 그들을 곁에서 지켜보는 것만으로도 내겐 하루하루가 감동이었다.

말씀으로 키우겠습니다
첫아이를 출산하고 나서 나는 내가 아무런 준비도 안 된 엄마라는 사실을 깨달았다. 처음엔 두려웠지만 내게 목회자 남편을 허락하신 것도 우리 가정에 새 생명을 허락하신 것도 하나님의 완전하신 계획에 있음을 믿기로 했다. 비록 나는 세상적인 지식이 전무한 빵점 엄마이지만 하나님이 주시는 말씀과 지혜가 이 아이를 키우실 것을 믿었다. 이 아이의 먹거리는 오로지 하나님의 말씀임을 하나님께 고백했다.

Chapter 2

빵점 엄마의 100점 교육법 1
신앙교육이 먼저다

하나님의 말씀은 살아 있다. 아이들이 그 뜻을 알든 모르든 살아 있는 하나님의 말씀은 외우고 입으로 시인하는 자의 삶에서 이뤄진다. 그것이 나의 믿음이었기에 나는 아이들이 뜻을 모른다 해도 외워서 마음판에 새겨 놓으면 마치 은행에 적금을 들어 놓은 것과 같다고 생각했다. 나중에 자라면서 말씀의 뜻을 알고 나면 오래 전에 저축해 놓은 예금을 꺼내어 쓰듯 그것을 삶에 적용할 수 있기 때문이다.

갓난아기 때부터 예배 중심의 삶을 가르치다

내가 한 아이의 엄마라는 사실을 인식하고 난 뒤, 내가 아이를 위해 가장 먼저 한 것은, 개척교회의 사모라는 내 삶에 아이를 동참시킨 것이다. 내 삶의 영역 안에서 태어나게 하신 아이니 이 아이를 위한 교육 현장은 곧 내 삶이라 생각했다. 그리고 하나님이 주신 영혼이니 갓난아기 때부터 하나님을 섬기도록 하는 게 너무도 당연하다고 여겼다. 그래서 예배를 드리거나 기도를 할 때는 물론이고 심방을 가거나 거리전도를 할 때도 아이와 늘 함께했다.

그중에서 가장 중요하게 여긴 것이 예배다. 하지만 아이가 크면서 통제가 어려워지기 시작했다. 큰아들은 밝은 성격에 무척이나 활동적이어서 잠시도 가만히 앉아 있는 법이 없었다. 요즘은 교회마다 자모실이 있어서 다행이지만 당시 우리 교회는 그럴 형편이 못 되었다. 나는 곰곰 생각하다가 바늘을 가지고 다니기로 했다. 언젠가 바늘에 찔린 뒤 아이가 바늘을 무서워하는 점을 이용한 것이다.

예배 시간에 떠들면 처음에는 화장실에 데려가서 "계속 떠들면 집에 가서 매 맞는다"고 경고했다. 하지만 주변에 다른 아이들이 떠들면 이내 혼난 걸 잊어버리고 또다시 소란스러워진다. 그러면 나는 바늘을 꺼내 들었고, 아이는 이내 시무룩해져서 조용히 했다. 더 떠들면 집에 가서 회초리를 맞는다는 일종의 사인이었다. 다른 어머니들은 그런 나를 보고 좀 심한 게 아니냐고 말했지만 나는 아랑곳없이 나만의 방법으로 어린 아들에게 예배 시간에 어떻게 해야 되는지를 가르쳤다.

그러다 둘째가 태어났다. 세 살 터울의 딸이었다. 그런데 첫째를 확실하게 교육시켜 놨더니 둘째에게 예배 시간의 예절을 가르치는 것이 훨씬 수월했다. 나는 아이들이 예배당에 앉아 있는 것을 볼 때마다 너무 기뻤다. 아이들 때문에 말씀에 집중하지 못해 안타까운 순간도 많았으나 마치 예수님 앞에 아이들을 데려온 듯한 뿌듯함 때문에 기쁨이 넘쳤다.

"사람들이 예수께서 만져 주심을 바라고 어린 아이들을 데리고 오매 제자들이 꾸짖거늘 예수께서 보시고 노하시어 이르시되 어린 아이들이 내게 오는 것을 용납하고 금하지 말라 하나님의 나라가 이런 자의 것이니라 내가 진실로 너희에게 이르노니 누구든지 하나님의 나라를 어린 아이와 같이 받들지 않는 자는 결단코 그곳에 들어가지 못하리라"(막 10:13-15).

아이들은 자라면서 모든 예배에 예외 없이 참석했다. 수요예배, 금요예배, 주일예배는 무슨 일이 있어도 참석해야 했고, 나중에 아이들이 커서 주일학교나 유치부 예배에 참석한 뒤에도 반드시 대예배에 참석해서 온 가족이 예배를 드렸다. 대신 집에서는 따로 가정예배를 드리지 않았다.

이렇게 어릴 때부터 엄격하게 이 원칙을 지켰기 때문에 아이들의 삶은 예배 중심으로 돌아가게 되었다. 내게 있어 예배는 하나님의 음성을 듣고 축복을 받는, 인생에서 가장 중요한 시간이었다. 따라서 예배만큼은 어떤 경우에도 빼먹어서는 안 되는 것이었다.

"아파서 못 걸어갈 정도가 아니면 예배는 절대로 빠지면 안 되는 거야. 아파도 교회에서 쓰러졌다가 죽으면 순교야. 그건 자자손손 길이길이 빛날 가문의 영광이지."

아이들은 어릴 때부터 귀에 못이 박히도록 이 말을 듣고 자랐다. 그러니까 아이들도 아예 예배 빠진다는 소리를 입 밖에 꺼내지도 않았다. 그래서 지금도 미국 하버드대학원에서 학생들을 가르치고 있는 딸 명화가 한국에 올 때마다 고생을 한다. 예배드리는 데는 시차 적응이고 뭐고 예외가 없기 때문이다.

언젠가 딸이 수요일에 입국했다. 미국에서부터 무리한 일정을 소화하고 온 터라 극심한 피로로 정신을 못 차렸다. 보다 못해 내가 먼저 하나님도 아실 테니 오늘은 쉬라고 말했다. 그랬더니 명화가 깜짝 놀라면서 "나 정말 오늘 교회 안 가도 돼?" 하고 되물었다. 어릴 적부터 워낙 엄격하게 지켜 온 원칙이다 보니 수요예배에 빠져도 된다는 말이 도무지 믿어지지 않는다는 반응이었다.

나는 아이들을 미국에 보내 놓고도 일부러 수요일 같은 날 국제전화를 해서 예배를 드리는지 확인했다. 당연히 전화를 받지 않았다. 예배드리러 교회에 간 것이다. 나중에 다시 전화해서 시치미 뚝 떼고 "아까 전화하니까 안 받더라" 하면 딸은 "엄마, 오늘은 수요일이잖아. 교회 갔었지" 한다. 그때마다 얼마나 감사하고 안심이 되는지 모른다.

아이들은 주일예배는 물론이고 수요예배, 금요철야예배를 무슨 일이 있어도 드린다. 이미 몸에 배어서 당연하게 여긴다. 그러니 자연히 삶이 하나님 중심이고 무슨 문제가 생기면 하나님께 무릎부터 꿇는다. 부모인 우리한테는 기도 부탁만 할 뿐이다.

예배 준비는 토요일부터
주일은 눈뜨는 그 순간부터가 예배다!

우리는 부산에서 올라올 때 가진 돈의 전부를 교회 월세 보증금으로 드렸고, 미국에 가기 전까지는 사례비를 받아 본 적이 없기 때문에 전적으로 하나님의 까마귀에 의존할 수밖에 없었다. 만일 그때 내가 물질적으로 풍성했다면 하나님 중심으로 아이들을 키우기 어려웠을 것이다. 가진 게 없으니까 아이들을 양육하는 것도 하늘의 양식, 즉 말씀밖에는 의지할 데가 없었다.

세상의 부모들은 아이들이 걸음마를 떼기도 전에 영어 테이프를 틀어 놓고 본토 발음을 익히게 하려고 노력한다. 그런데 그 노력의 10분의 1만이라도 아이에게 말씀을 들려주려 노력한다면 하나님은 최고의 교육기관에서 거저 영어를 배우도록 길을 열어 주실 것이다. 이것은 나의 경험이다.

나는 무엇보다 아이들에게 하나님의 말씀은 살아 있고, 그 말씀이 곧 하나님임을 가르치기 위해 노력했다. 아이들로 하여금 기도를 통해 응답을 체험하게 하고, 말씀을 묵상함으로써 그 말씀이 삶에서 이뤄지는 것을 경험하게 하려고 노력한 것이다. 그래서 가장 먼저 예배에 빠지지 않게 했다. 일부러 시간을 내어 말씀을 보지 않아도 예배를 통해 말씀을 배울 수 있기 때문이다. 또한 어른들과 함께 대예배를 드릴 것을 강조했다. 하나님 앞에서는 부모나 자녀나 똑같은 하나님의 자녀이며 똑같이 회개하고 똑같이 믿음의 경주를 해야 되는 존재임을 알게 하기 위해서다. 그러는 사이 서로 간에 신뢰가 쌓이게 된다.

그리고 나는 아이들과 함께 토요일 저녁부터 주일예배를 준비했다. 주일에 입을 옷을 미리 챙겨 놓는다든지 해서 아이들이 주일예배를 기대하도록 했고, 토요일 저녁에는 특별한 일정을 만들지 않았다. 차분히 다음날을 준비하도록 했다.

주일에는 눈을 뜨는 순간부터 잠자리에 드는 순간까지 하루가 온전히 주님과 만나는 시간이 되도록 하는 데 집중했다. 예배 시간에 늦지 않는 것은 기본이고, 교회 안에서는 항상 밝은 인상으로 모든 사람에게 인사하도록 했다. 이 또한 엄하게 가르쳐서 몸에 배도록 했다.

요즘 주일예배를 드리는 풍경을 보면 참 걱정스러울 때가 많다. 크리스천 부모들이 아이들을 데리고 이 교회 저 교회로 떠돌아다니는가 하면, 부모는 이 교회, 자녀는 저 교회에서 예배를 드린다. 이런 가정에서 부모는 믿음의 권위를 가질 수 없다. 가정은 믿음의 공동체이자 작은 교회다. 그런데 공동체가 각자 교회 생활을 하고 믿음생활을 한다면 가정 안에서 교육도 소통도 이루어지기 어렵다.

크리스천 부모에게 자녀 양육의 출발은 신앙이다. 그리고 이 신앙은 아이의 생명과 직결된 문제다. 아이의 성공과 행복을 원한다면 말씀을 아이의 가슴에 애써 심어야 한다. 아이의 삶에 예배 우선, 말씀 우선, 기도 우선의 신앙의 기둥을 세워 주어야 한다.

자식 이기는 부모 없다지만 자녀의 미래를 위해 부모가 반드시 관철시켜야 할 것은 관철시켜야 한다.

말씀을 아이의 마음에 새기라!
손으로 그린 성경 동화와 상금이 걸린 성경 암송

나는 엄하게 예배 교육을 시키는 한편 어떻게 하면 아이들에게 성경 이야기를 재미있게 전할 수 있을까를 고민했다. 요즘은 좋은 성경 교재도 많지만 그때는 구하기도 어려웠고 또 있다 하더라도 살 형편이 아니었다. 하는 수 없이 내가 직접 만들기로 했다.

아이들에게 성경 속 이야기를 동화 형식으로 들려주고, 아이들과 함께 성경 이야기나 지도를 그리기도 했다. 예를 들어 3층으로 된 노아의 방주를 그리게 하고 거기에 어떤 동물이 들어갔는지 직접 그리게 했다. 그러면 아이들은 마치 자기가 그려 넣지 않으면 그 동물이 방주에 타지 못하기라도 할 것처럼 동물을 열심히 그려 넣었다. 그런 다음 나는 노아가 하나님의 말씀을 따라 열심히 배를 만들어서 가족도 살고 많은 동물들도 살게 된 것처럼 우리도 하나님 말씀을 따르면 그렇게 많은 생명을 살릴 수 있다고 결론으로 얘기해 주었다. (그래서

인지 미술학원에는 가 본 적도 없는 아이들이 학교에서 상상력이 좋다는 말을 들었다.)

때로는 크레파스를 갖다 놓고 주일학교에서 들은 이야기를 그려 보게 했다. 그러면 주일학교 설교를 흘려듣던 아이도 다른 형제를 통해서 다시 기억하게 된다. 그런 다음 "넌 이 이야기를 듣고 무슨 이야기를 더해 주고 싶니? 만일 네가 선생님이라면 어떤 이야기를 더 들려주고 싶어?" 하고 묻는다. 그러면 아이들은 열심히 생각해서 뒷이야기를 이어붙이거나 이야기를 각색하곤 했다.

그런데 이런 것들이 성경을 머릿속으로 상상하고 실제 일어난 것처럼 가깝게 느끼게 하는 데 아주 중요한 훈련이 된다.

그때만 해도 교회에는 훈련된 성경교사가 없었기 때문에 내가 직접 집에서 가르쳐야 했다. 이상하게 아이들은 학교에서 선생님께 배운 것보다 집에서 엄마에게 배운 것을 더 잘 기억한다. 그것은 아마도 신뢰관계가 형성되어 있기 때문이 아닌가 생각한다.

아이들이 좀 더 크자 말씀 암송을 시작했다. 가장 먼저 십계명을 외우게 했고 점점 말씀의 한 구절을 지정해서 암송하게 했다. 뜻도 모르는 성경을 아이들이 암송하는 게 무슨 소용이 있느냐고 생각하는 사람들도 있겠지만 그것은 말씀의 힘을 믿지 못해서 하는 말이다.

"하나님의 말씀은 살아 있고 활력이 있어 좌우에 날선 어떤 검보다도 예리하여 혼과 영과 및 관절과 골수를 찔러 쪼개기까지 하며 또 마음의 생각과 뜻을 판단하나니"(히 4:12).

하나님의 말씀은 살아 있다. 아이들이 그 뜻을 알든 모르든 살아 있는 하나님의 말씀은 외우고 입으로 시인하는 자의 삶에서 이뤄진다. 그것이 나의 믿음이었기에 나는 아이들이 뜻을 모른다 해도 외워서 마음판에 새겨 놓으면 마치 은행에 적금을 들어 놓은 것과 같다고 생각했다. 나중에 자라면서 말씀의 뜻을 알고 나면 오래전에 저축해 놓은 예금을 꺼내어 쓰듯 그것을 삶에 적용할 수 있기 때문이다.

나는 마치 아이들도 모르는 보물을 아이들의 마음에 쌓는 심정으로 큰 투자도 서슴지 않았다. 당시 우리 집은 아이들에게 용돈을 줄 형편이 못 됐다. 그래서 아이들은 고등학교를 졸업할 때까지 용돈을 거저 받아 본 적이 없다. 아이들이 용돈을 받을 수 있는 방법은 딱 하나, 성경 말씀을 암송할 때 뿐이었다.

내가 외우라고 한 말씀을 다 외우면 100원씩 줬다. 100원은 당시 우리 집 형편으로는 결코 적은 돈이 아니었다. 하지만 나는 성경을 암송한 아이에게 주는 용돈을 아끼고 싶지 않았다. 아이에겐 말씀을 암송하면 풍성한 축복이 온다는 걸 느끼게 해줘서 좋고 나에게는 아이의 영혼을 위한 저축이라서 의미 있었다.

사실 아이들이 성경을 외우는 일은 절대 쉽지 않다. 1930년대에 번역된 개역한글 성경은 아이들에겐 낯선 단어들투성이였다. 신약은 그래도 낫다. 구약에는 발음하기도 어려운 지명과 사람 이름이 줄줄이 나오는 통에 어른도 이해하기 어려운 구절이 얼마나 많은가. 그런 어려운 말씀들을 아이들이 외우는 것을 볼 때마다 나는 내 안에 계신 성령님이 대견해하며 기뻐하시는 걸 느낄 수 있었다.

"인자와 진리가 네게서 떠나지 말게 하고 그것을 네 목에 매며 네 마음판에 새기라 그리하면 네가 하나님과 사람 앞에서 은총과 귀중히 여김을 받으리라"(잠 3:3).

아직 성령도 모르고 말씀의 힘도 모르는 어린아이들이 단순히 용돈 타는 재미로 외울지라도 말씀 속에 살아 계신 하나님이 그 마음 안에서 일하실 것을 생각하면 나는 눈물이 날 정도로 아이들이 고마웠다.

"얘들아, 외우고 또 외워라. 너희들의 생명이 될 거란다. 풍성한 축복이 될 거란다."

아이들이 외우는 말씀이 늘어난 만큼 엄마가 된 나의 기쁨도 풍성해졌다. 세상의 것은 아는 게 없어서 가르칠 수 없었지만 하나님이 내게 주신 하늘의 양식으로 아이들을 가르쳤고, 그로 인해 기뻤다.

목사 자녀의 부담이 아닌
믿는 자녀의 유익을 가르치다

언젠가 딸인 명화(Josephine M. Kim)가 PK수련회에 가서 이런 간증을 하는 것을 들었다. 명화가 미국에서 상담소 관리직 자리가 나서 지원하여 면접을 보는데 이런저런 얘기를 하다가 어렸을 때 교회에서 주일학교 교사를 오랫동안 했다는 말을 하게 되었다. 그러자 오너가 기다렸다는 듯이 "바로 그거야! 그런 경험이 있는 사람이 필요했거든" 하면서 다른 화려한 경력의 사람들을 제치고 명화를 관리직에 임명시켰다. 더구나 월급을 한 달에 600달러나 더 올려서 주었다. 그 일이 있고 나서 명화가 내게 전화해서 이런 말을 했다.

"사실 어렸을 때는 주일학교 봉사가 너무나 하기 싫었어요. 마지못해 하는 날이 더 많았고 아버지가 목사님이라서 어쩔 수 없이 해야 하는 현실이 싫었어요. 그런데 하나님은 그런 곱지 않은 마음으로 한 봉사까지도 잊지 않으시고 이렇게 큰 선물을 주시네요. 어머니가 말씀하신 믿는 자녀의 유익이 뭔지 이제 알 것 같아요."

우리 아이들은 어렸을 때부터 교회봉사를 했다. 물론 그때는 몰랐지만 하나님은 아이들이 교회에서 봉사하고 예배드리는 것을 몹시 기뻐하신다는 것을 나중에야 알았다. 워낙 교회 형편이 넉넉지 않아 늘 일손이 부족했기에 우리 부부는 일만 있으면 아이들에게 도와달라고 부탁했다. 고맙게도 아이들은 교회 성도들을 사랑하는 부모의 마음을 헤아려 교회를 섬기는 일에 일찍부터 동참했다.

아이들이 맨 처음 시작한 일은 주일학교가 끝난 뒤 대예배에 참석하는 부모들을 위해 자기보다 어린 아이들을 데리고 노는 일이었다. 주일학교에서 배운 말씀을 가르치기도 했다. 그러다 중학교에 진학한 뒤에는 주일학교에서 봉사했다.

돌아보면 그 나이에 얼마나 가고 싶은 데도 많고 하고 싶은 일도 많았을까 싶다. 친구들과 어울려 놀고 싶었을 것이다. 하지만 우리 아이들은 주일이면 평소보다 더 바빴다. 코흘리개 어린 꼬마들이 놀다가 다치기라도 할까 봐 진땀을 빼야 했다. 그렇게 하루가 지나고 나면 우리 애들은 만져 보지도 못한 비싼 장난감들이 제대로 남아난 게 없었다. 그걸 다시 사려면 우리 아이들이 필요한 건 다시 뒷전으로 밀려나야 했다.

그런데도 일부 성도들은 우리 아이들의 봉사를 '목사의 자녀라는 이유'로 너무나 당연하게 생각했다. 그러나 목사의 자녀로 태어난 게 싫을 만도 했을 것이다.

하지만 목사의 자녀로 태어난 것은 축복이다. 그러나 그 축복을 알고 누리는 자녀는 많지 않다. 그 이유는 목사의 자녀로서 누리게 되는 축복보다 목사의 자녀라는 부담감을 먼저 알기 때문이다.

나는 아이들에게 목사의 자녀니까 이래라 저래라 한 적이 없다. 가끔 성도들이 "목사님 자녀가…" 하면 나는 "엄마 아빠가 목회를 하는 거지 저 아이들은 그냥 평범한 아이일 뿐"이라고 말해 주었다.

교회에서 봉사하고 예배드리는 일이 목사의 자녀이기 때문에 해야 한다면 성도들의 자녀는 하지 않아도 된다는 뜻이 된다. 큰일 날 소리다. 나는 아이들에게 교회에서 봉사하고 전도하는 것은 목사의 자녀나 장로, 집사의 자녀이기 때문이 아니라 하나님의 자녀이기 때문이라고 가르쳤다. 아이들도 믿는 가정의 자녀라면 당연히 해야 되는 일이라고 생각했다.

다른 아이들은 하지 않아도 되지만 목사의 자녀니까 해야 한다는 생각은 목사의 자녀로 태어난 것을 멍에로 여기게 만든다. 나는 이 인식의 차이가 목회자 자녀의 인생에 얼마나 큰 영향을 미치는지를 나중에야 알게 됐다.

목회자 자녀들은 자신을 '어항 속의 금붕어'라고 생각한다. 이 아이들에겐 사생활이 보장되지 않기 때문이다. 흔히 목회자들은 설교할 때 자신의 가정을 소재로 삼곤 하는데, 이때 숨기고 싶던 부분까지 드러나게 된다. 뿐만 아니라 성도들이 "목사 자녀는 말이야…" 하고 관심을 가지고 하는 말이 아이들에게는 벗어나기 힘든 굴레처럼 느껴진다. 탁월한 목회자일수록 그 자녀들이 받는 정신적 스트레스가 더 심하다고 한다. 그래서 힘든 사춘기를 겪으면서 교회와 믿음에서 떠나는 아이들이 적지 않다.

　나는 내 아이들에게 목사 자녀라는 짐을 지우는 대신 하나님의 자녀라는 긍지를 심어 주고자 했다. 이루 헤아릴 수 없이 풍성한 믿는 자녀의 유익을 가르쳤고 봉사하는 삶을 은혜로 주신 하나님께 감사하도록 가르쳤다.

　그런데 그렇게 주님의 자녀답게 사는 것이 상식적으로 보면 손해를 보는 것 같은데 기적이 일어난다. 그 수고를 통해서 하나님은 우리 안에 특별한 능력을 만드시고 특별한 관계를 만드신다. 그래서 하나님을 섬기기보다 세상 일을 열심히 한 사람들이 부러워하는 높은 길, 지름길로 우리를 인도하신다. 그것이 바로 믿는 자녀가 누리는 대표적인 유익이다.

　믿는 자녀의 유익, 그것은 생각만 해도 가슴 뭉클한 은혜다. 우선 하나님과의 관계만 봐도 그냥 직통이다. 부모의 오랜 기도가 쌓여 있고 태에서부터 말씀과 기도로 양육된 영혼이니 필요할 때마다 정작 본인은 부지런히 기도하지 않아도 축복의 폭포수가 전 인생을 관통한다. 누가 봐도 거저 사는 삶, 노력하지 않아도 운이 좋아 보이는 삶, 이것이 목회자 자녀가 누리는 유익이다. 이삭의 축복, 솔로몬의 축복, 그 풍성한 삶이 아이들에게 쏟아지고 있는데 왜 부모들은 그 축복에 대해서는 가르치지 않고 목사 자녀니 집사 자녀니 하면서 아이들에게 짐을 지우는 것일까.

한편, 아이들이 교회에서 봉사하는 것은 또 다른 중요한 의미가 있다. 어떤 사람은 세상적으로 성공해서 하나님께 큰 물질과 명예를 돌리기도 한다. 참으로 귀한 일이다. 그런 귀한 종들의 얘기를 들을 때마다 가난해서 주님께 드릴 것이 없는 우리 아이들은 고민에 빠지곤 했다. 그러고는 "나도 나중에 성공하고 돈 많이 벌어서 저 사람처럼 하나님께 영광 돌려야지" 한다. 나는 그때마다 하나님이 가장 좋아하시는 것은 돈도 명예도 아닌 믿지 않은 영혼의 돌이킴이라고 말해 주었다. 가난해도 주님께 가장 귀한 것을 드릴 수 있다는 사실을 일깨운 것이다.

교회는 바로 그런 영혼들을 주님께 인도하는 곳이고 예배는 믿는 자들이 하나님과 만나는 가장 거룩한 시간이다. 따라서 교회에서 봉사를 하고 예배를 섬기는 것은 하나님께 영혼을 드리는 일이다. 교회 문 앞에서 반갑게 웃음으로 성도를 맞는 일, 따뜻하게 차 한 잔을 권하는 일, 나의 시간을 쪼개어 그들을 사랑으로 품어 주는 일은 영혼을 구원하는 일인 것이다.

나는 내 아이들이 많은 영혼을 주님께 돌이키는 사람이 되기를 바란다. 그것이 내가 우리 자녀들에게 바라는 유일한 기도 제목이다. 그런데 그것은 어른이 되어야만 할 수 있는 일은 아니다. 이런 작은 봉사가 수많은 영혼을 주님께로 인도할 수 있다.

나는 아이들에게 교회 봉사는 영혼을 섬기는 일이요, 하나님의 자녀로서 당연히 해야 할 감사의 삶인 동시에 자신을 위한 축복의 통로라고 가르쳤다.

"지혜 있는 자는 궁창의 빛과 같이 빛날 것이요 많은 사람을 옳은 데로 돌아오게 한 자는 별과 같이 영원토록 빛나리라"(단 12:3).

교회에서는 천사, 집에서는 원수?
언행일치 믿음으로 두 얼굴 고질병을 극복하라

나는 신앙생활에서 가장 중요하게 여기는 것이 있다. 주일에 목사님의 설교를 통해 들려주신 하나님의 음성을 매 순간 삶에서 실천하는 것이다. 아내이자 목사의 사모인 내가 설교 말씀을 듣는 둥 마는 둥한다면 우리 아이들이 나중에 커서 다른 목사님의 말씀을 들을 때 그럴 것이 아닌가. 나는 아이들이 세상의 어떤 교훈보다 예배 시간에 목사님이 선포하신 말씀을 따라 살기를 원했다. 그것이 내 아이들의 삶의 가치관이 되고 기준이 되기를 바랐다. 그런 소망을 품고 있었기에 내가 먼저 솔선수범해서 말씀대로 살기 위해 주일 설교 말씀을 일주일간 일상의 잣대로 삼았다.

"이번 주 목사님이 주신 말씀이 뭐지? 이번 주는 이 말씀대로 살라고 하나님이 목사님을 통해 주신 말씀이니 이 말씀을 붙들고 일주일 동안 열심히 살아 보자."

하지만 어디 말대로 되는 게 믿음인가. 정신없이 세상일을 따라 살다 보면 어느 순간 말씀과는 전혀 동떨어진 행동을 할 때가 한두 번이 아니다. 그럴 때마다 하나님 앞에 조용히 회개하는 동시에 아이들에게 나의 실수를 고백하며 기도해 달라고 도움을 청했다.

"이 말씀을 지키는 게 쉽지가 않구나. 엄마가 너희들의 본이 되어야 하는데 미안하다. 사람이라서 엄마도 이렇게 실수할 때가 많아. 너희도 그럴 때가 있으니까 이해해 줄래? 그리고 엄마가 이 부분을 잘 고칠 수 있도록 너희가 기도 좀 해주라. 원래 엄마가 어렸을 때부터 몸에 밴 나쁜 습관이거든. 오래되서 그런지 잘 고쳐지질 않아. 너희들이 기도해 주면 엄마도 이 나쁜 습관을 고칠 것 같아."

기억을 더듬어 보면 내가 아이들에게 내 잘못을 시인하고 사과하고 부끄럽다고 말할 때처럼 아이들이 진지하게 나의 말을 들은 적도 없는 것 같다. 그렇게 말썽을 부리던 아이들도 나의 고해성사를 듣고 나면 천사처럼 간절하게 나를 위해 기도해 주었다. 나는 이때 아이들은 부모에게 용서를 구하기만 하는 사람이 아니라 부모의 잘못을 용서해 줄 수 있는 사람이라는 걸 알게 되었다.

나는 그런 점에서 나의 잘못이나 실수를 숨기지 않는다. 공부를 가르칠 때도 아이가 모르는 게 있다고 하면 "엄마도 잘 모르거든. 전과 보고 같이 해보자" 하면서 "먼저 답을 알아내는 사람이 가르쳐 주기로 하자"고 시합을 하곤 했다. 아이들은 엄마에게 뭔가를 가르칠 수 있어서 좋고 내기에 이겨서 뭔가를 선물로 받으니 좋아했다. 나의 부족함을 통해 아이들이 성장한 것이다.

요즘 아이들이 어른이 되도록 철이 들지 않는 것은 부모가 너무 완벽해서 그런 게 아닌가 싶다. 또 너무나 많은 아이가 교회를 떠나는 것은 완벽한 부모의 두 얼굴 때문이라는 생각이 든다.

"저 인상 좋은 분이 너희 엄마냐? 야! 좋겠다."
"좋긴. 교회에서나 저렇지. 집에 가면 완전 얼굴이 달라져."
"우리 아버지는 걸핏하면 손찌검이야. 교회는 왜 다니는지 몰라. 차라리 안 다니면 기대나 안 하지. 위선자야."

자녀가 당신을 이렇게 평가하고 있다면 어떻겠는가? 그런데 문제는 대부분의 아이들이 믿는 부모에게서 이런 상처를 받고 있다는 사실이다. 믿는 부모가 믿지 않는 부모보다 아이들에게 더 신뢰를 받지 못한다는 사실을 알고 있는가? 아이들의 말에 따르면, 믿는 부모들은 교회에서 말할 때와 집에서 말할 때 목소리 톤 자체가 다르다고 한다. 한마디로 교회에서는 천사 얼굴인데 집에 가면 마귀할멈으로 바뀐다는 것이다.

- 교회에서 남의 아이에게 : "옷차림이 중요한 건 아니지. 믿음이면 돼."
- 집에서 내 아이에게 : "너는 교회 간다면서 옷차림이 그게 뭐니?"
- 교회에서 남의 아이에게 : "기도 열심히 했으니까 하나님이 꼭 들어주실 거야."
- 집에서 내 아이에게 : "기도만 한다고 성적이 그냥 올라간다던? 책상에 좀 붙어 앉아 있어야 하나님도 널 붙여 주실 거 아냐!"
- 교회에서 남의 아이에게 : "예수님만 믿어. 예수님은 선한 축복의 통로야."
- 집에서 내 아이에게 : "축복은 아무나 받는 줄 알아? 행동을 똑바로 해야지!"

똑같은 상황인데도 교회에서 하는 말과 내 자녀에게 하는 말이 다르다. 남의 자녀에겐 부담이 없으니까 덕담을 할 수 있지만 내 자녀에겐 공부 잘하고 예의 바른 사람으로 만들고 싶은 욕심에 덕담만 할 수가 없는 것이다. 그러나 아는가. 이 말들이 부모의 믿음을 그대로 보여 준다는 것을. 교회에서 믿음의 용사요 인격자라는 칭송을 듣는 만큼 집에서도 그런 삶을 살기 위해 얼마나 애쓰고 있는지 냉정하게 돌아보아야 한다.

자녀는 부모의 말과 행동을 그대로 모방하고 그것이 삶의 습관으로 굳어진다. 부모 자신이 '하나님의 자녀답지' 않은데 자녀들에게 그런 삶을 요구하는 것은 어불성설이다. 자신이 이루지 못한 꿈을 강요하는 세상의 부모보다 더 우스꽝스러운 것이다.

"또 아비들아 너희 자녀를 노엽게 하지 말고 오직 주의 교훈과 훈계로 양육하라"(엡 6:4).

나는 아이들을 때로 회초리로 무섭게 다스리는 세상 물정 모르는 고지식한 엄마였지만 믿음의 문제에 관해서는 아이들보다 결코 나은 게 없다는 걸 인정하는 엄마였다.

믿음의 문제에 관해서 아이들보다 나은 부모는 없다. 따라서 부모도 실천하지 못하는 높은 잣대를 아이들에게 강요해선 안 된다. 대신에 완벽하신 하나님의 말씀을 거울삼아 나의 부족함을 나누며 아이들과 함께 믿음의 경주를 해야 한다. 아이들을 믿음의 동역자로 삼고 나아갈 때 적어도 부모는 '두 얼굴'의 위선자가 되지는 않을 것이다.

단칸방에서 부모와 함께 자란 아이들
교회 성도들의 아픔을 품다

아이들이 어렸을 때 우리 가족은 지금 교회 건물의 화장실이 있던 자리에서 살았다. 두 평 남짓 되는 비좁은 공간에서 네 가족이 살았다고 하면 사람들은 도무지 믿을 수 없다는 표정을 짓는다.

그런데 그 비좁은 방에 하루가 멀다 하고 성도들이 드나들었다. 답답한 심정을 하소연할 데가 없어 찾아오는 것이다. 그들의 얘기는 밤늦도록 끝나지 않을 때도 많았는데 그때마다 이른 아침에 일어나 학교에 가야 할 아이들에게 미안했다. 그런데 다음 날 아이들을 불러 놓고 그 성도가 안고 있는 문제를 나누며 함께 기도해 주자고 하면 아이들은 그러잖아도 사정이 하도 딱해서 잠을 이룰 수 없었다면서 진심으로 가슴 아파 하며 기도해 주었다.

우리 아이들은 그 좁아터진 방에서 책상 하나 없이 자랐다. 보일러도 없이 차가운 시멘트 바닥에 장판 몇 겹을 깐 뒤 연탄난로를 들여놓고 살다가 연탄가스에 중독되어 죽을 뻔한 고비도 많았다. 하지만 우리보다 가난하고 절박한 성도들의 아픔을 듣고 자란 아이들은 자신의 문제에 대해선 초연했다. 철없는 아이들이지만 부모가 돈을 버는 대신 영혼을 구원하는 중요한 일을 하고 있다는 것을 알았고 밤늦도록 성도들의 고민을 들어주고 위로하는 일이 중요하다고 이해해 주었다.

온 동네가 다 알아주는 장난꾸러기 큰아들이 초등학교 다닐 때였다. 큰아들은 주일이면 주일학교 예배가 끝나기가 무섭게 교회 앞에 폼을 잡고 서 있곤 했다. 왜 그러나 했더니 아기들을 데려오는 성도들에게 지난주엔 왜 못 오셨는지 안부를 묻느라 그랬다. 속없는 철부지 같아도 누가 왔는지 안 왔는지, 무슨 사연이 있었는지 훤히 꿰고 있었던 것이다.

"네 손이 선을 베풀 힘이 있거든 마땅히 받을 자에게 베풀기를 아끼지 말며"(잠 3:27).

아이들은 어릴 때부터 교회에 사정이 딱한 성도가 있으면 그냥 넘기지 못했다. 함께 기도해 준 다음 적은 물질이라도 함께 돕자고 하면 아이들은 의외로 큰돈을 내놓곤 했다. 어른들은 나중을 생각해서 구제에도 인색한데 아이들은 그렇지 않았다. 나중까지 생각하지 않는 것이다. 도리어 머릿속이 복잡해서 돕지 못하던 내가 부끄러워졌다. 그런 아이들을 볼 때마다 '아! 이래서 예수님이 어린아이와 같지 않으면 천국에 들어갈 자가 없다고 말씀하셨구나'는 걸 깨닫곤 했다.

아이들은 남을 도울 때도 직접 도와주면 미안해하니까 무기명으로 목적헌금을 한다. 딸은 국내외에서 상처받은 가정을 섬기는 '겨자씨세대'라는 프로그램을 운영하는데 거기에 자신이 전 세계를 다니며 강연해서 번 돈의 상당 부분을 지원하고 있다. 삶 자체가 말없이 돕는 삶이다. 어려운 학생이 있으면 저도 모르게 도와준다.

돈이 없는 가난한 유학생인 막내는 자기가 가르치던 두 청소년의 안타까운 상황을 보다 못해 40일 간의 금식기도를 드렸다. 상처받은 아이들의 영혼을 위해 자신이 드릴 수 있는 최고의 헌신을 한 것이다. 목사인 큰아들은 자랄 때부터 네 것 내 것이 없는 사람으로 소문이 자자했다. 결혼한 후에는 며느리도 한마음이 되어 나누는 삶을 실천하고 있다.

세 자녀가 이렇듯 치열하게 어려운 이웃을 돕는 것은 이웃을 사랑하는 것이 하나님을 사랑하는 삶이라는 것을 알기 때문이다. 나는 언제나 최선을 다해 하나님을 먼저 사랑하라고 가르쳤다.

"이스라엘아 들으라 우리 하나님 여호와는 오직 유일한 여호와이시니 너는 마음을 다하고 뜻을 다하고 힘을 다하여 네 하나님 여호와를 사랑하라"(신 6:4-5).

예수님은 고침을 받고자, 고통에서 벗어나고자 그 앞에 나아온 사람을 결코 외면하지 않으셨다. 때로는 직접 죄인을 찾아가서 그 묶임을 끊으시고 복음을 전하셨다. 나는 아이들에게 예수님이라면 이 일을 어떻게 하셨을까 생각하라고 가르쳤다.

내가 심방을 다녀와서 미국에 있는 딸과 통화를 하다가 "교회 성도 한 분이 헌옷 가게를 하는데 너무 사는 게 힘들더라" 하면 곧바로 "나한테 아이 옷이 많은데 한국 갈 때 그 옷을 다 싸 가지고 가면 도움이 될까?" 하고 말한다. 나중에는 오빠와 동생한테까지 얘기해서 바리바리 싸 가지고 온다.

그뿐 아니다. 어쩌다 집에 귀한 물건이 선물로 들어오면 아이들은 이게 누구에게 가장 필요한지를 골똘히 생각한다. 모두가 '나밖에 모르는' 이기적인 세상에서 세 아이는 '남밖에 모르는 아이들'로 성장했다. 그 아이들 덕택에 우리 집에 들어오는 선물은 하나님이 예비해 놓으신 그 물건의 진짜 주인을 찾아 이내 다시 나가곤 했다. 아무리 비싼 물건이라도 성도들 중에 그 물건이 먼저 필요한 사람이 있다면 줘야 한다는 것이 세 아이의 생각이다.

요즘 아이들은 초등학생만 되어도 자기 방이 생긴다. 삶이 여유로워지면서 아이들은 일찍부터 자기만의 공간에서 살아간다. 그렇다 보니 같은 집에 살면서도 부모의 사업이 얼마나 어려운지, 옆방에 있는 형제가 말 못할 고민으로 얼마나 괴로운지를 모른다.

하지만 하나님을 섬기느라 모든 공간을 교회에 드리고 단칸방에서 살아야 했던 우리 아이들은 자기 형제는 물론 남까지도 섬길 줄 아는 귀한 성품을 갖게 되었다. 그 귀한 성품을 선물로 주시려고 우리를 지독한 가난에 처하게 하신 하나님의 놀라운 계획에 경탄하지 않을 수 없다.

그런데 우리 집엔 그 아이들보다 더한 사람이 있다. 바로 남편 김학수 목사다. 목사님은 물질에 대해서 그야말로 백지장처럼 깨끗하다. 하나님 일을 하는 사람에게 자기 것은 없어야 된다는 원칙 때문에 우리는 지금도 우리 소유로 된 집이 없다. 심방 갔다가 사정이 딱한 성도가 있으면 입고 간 외투도 벗어 주고 와이셔츠 바람으로 돌아온다. 교회에 어르신들이 오면 빈손으로 보내질 못하고 군대 갔다가 휴가 나온 성도들의 자녀에게도 마찬가지다.

그런 남편이 때때로 답답하지 않은 게 아니다. 신앙에서도, 또한 아빠로서도 남편은 너무나 고지식하다. 애들한테도 좀 융통성 있게 해줬으면 하는 일도 원리원칙 그대로 한다. 아이들에게 곰살맞은 말 한마디 제대로 못하는 아빠지만 올곧게 하나님만을 좇는 남편의 삶은 은연중에 아이들에게 큰 영향을 미치고 있음을 나는 안다.

"아빠가 하나님이 말씀하신 대로 왼손이 하는 걸 오른손이 모르게 하셔서 우리가 축복을 받고 사는 것 같아."

내가 남편에 대해 이렇게 말하면 아이들도 이 말에 동의하며 진심으로 남편을 존경하고 감사하게 생각한다. 그 아버지에 그 아이들이다.

삼 남매의 간절한 합동기도
"하나님 냉장고가 갖고 싶어요!"

나는 아이들이 어릴 때부터 집안의 대소사를 두고 함께 기도했다. 예를 들어 "이달 말까지 얼마의 건축비를 갚아야 하는데 돈이 없다"고 하면서 함께 기도하는 것이다. 사실 이렇게 한 것은 자녀들이 부모가 겪는 일에 대해 강 건너 불구경하지 않기를 바라서였고, 직접 기도 응답을 체험했으면 해서였다. 물론 아이들이 집안의 어려운 형편을 앎으로써 기가 죽거나 마음이 아프지 않을까 하는 염려도 있었다. 하지만 돌이켜보면 아이들의 경제관념을 일찍부터 인식시키는 데 무척 유용한 방법이었던 것 같다.

언젠가 큰아들이 다른 곳에서 간증을 하는데 자기는 크면서 한 번도 부모님한테 뭘 사달라고 한 적이 없다고 했다. 실은 갖고 싶은 것, 하고 싶은 것이 너무나 많았지만 교인들의 고민을 해결해 주고 섬기느라 자신의 삶은 돌보지도 못하는 부모님에게 그런 말이 차마 나오지 않았다는 것이다. 매사에 단순한 나는 아이들이 말을 하지 않아서 갖고 싶은 게 별로 없나 보다 했는데 우리 아이들도 다른 아이들과 별반 다르지 않았던 것이다.

그런데 큰애만 그런 게 아니었다. 둘째인 딸도 마찬가지였다. 그래서 재미있는 일이 벌어졌다. 막내인 동생이 뭔가 갖고 싶다고 하면 두 아이가 아르바이트를 해서라도 사 주는 것이다. 그러면 버릇이 없어진다고 내가 말려도 소용이 없었다. "엄마, 어릴 때 갖고 싶은 걸 못 가지면 얼마나 기가 죽고 마음이 아픈 줄 알아?" 하며 되려 나를 설득했다. 그제야 두 아이가 얼마나 많은 것을 희생하며 살아왔는지를 실감하게 되었다. 마음이 많이 아팠지만 그 아픔이 동생을 향한 남다른 사랑을 낳은 것이 감사했다.

나는 아이들과 어릴 때부터 지금까지 비밀이 별로 없다. 내가 먼저 어려운 일이 있으면 아이들에게 기도 제목을 내놓고 기도해 줄 것을 부탁했기 때문에 아이들도 어려운 일이 있으면 감추지 않는다. 은행에 갚아야 할 대출금이 있을 때, 성도들의 가슴 아픈 사정을 듣고도 도와줄 형편이 못 되어 속상할 때, 아이들과 함께 나누며 하나님을 향해 눈물로 기도했고 그 기도의 응답으로 문제들이 하나둘 풀리는 것을 함께 경험했기 때문이다. 아이들은 뭔가 원하는 게 있어도 아예 부모한테는 기대하지 않았다. 대신 하나님께 열심히 기도했다.

단칸방 시절, 우리 집엔 TV며 냉장고 같은 가전제품이 전혀 없었다. 단칸방에서 네 식구가 살아야 하니까 책상 놓을 자리도 없어서 아이들은 방바닥에 엎드려서 책을 읽거나 숙제를 해야 했다. 하지만 그때 나는 이런 결심을 했다.

"교회 예배당이 아름다워질 때까지 우리 집을 위해서는 아무것도 사지 말자. 그러니까 너희들이 필요한 게 있으면 하나님께 기도해라. 그러면 주실 거야."

그리고 얼마 뒤, 아이들이 우리 모르게 냉장고를 달라고 하나님께 기도했다. 당시 주변에서 냉장고 없는 집은 아마 우리 집밖에 없었을 것이다. 아무리 형편이 어려워도 집집마다 돈을 모아 냉장고를 사는 게 유행이던 시절이었다. 덩달아 아이들 사이에서는 집에서 냉장고를 이용해 아이스바를 만들어 먹는 것이 유행이었다. 우리 아이들아 그게 얼마나 부러웠으면 함께 기도하기로 작심했겠는가. 엄마한테는 말해 봤자 소용없을 게 뻔하니까 자기들끼리 기도하기로 한 것이다. 그러나 곧 겨울이 닥치자 아이들은 냉장고 기도를 이내 잊어버렸다.

그런데 다음 해 봄이었다. 어떤 분이 180리터짜리 냉장고를 한 대 사주신 것이다. 아이들이 그 냉장고를 보고 얼마나 놀라던지, 우리 부부는 그제야 우리 아이들이 냉장고 달라는 기도를 했다는 사실을 알았다. 아이들에게 이 사건은 매우 귀중한 신앙적 체험이 되었다. 하나님은 자기들이 잊어버린 기도조차 들어주신다는 것과 엄마 아빠가 아닌 자기들끼리도 기도하면 들어주신다는 것을 깨달은 사건이기 때문이다. 나는 우리 아이들의 믿음이 이 사건을 통해 쑥쑥 자랐다고 확신한다.

나는 평소에도 아이들이 뭘 해달라고 조르면 그냥 준 적이 없다. 형편이 안 돼 대개는 해줄 수 없는 게 많았지만 설사 해줄 수 있어도 믿음의 아이로 키우기 위해 먼저 기도하도록 했다.

"필요한 게 있으면 같이 하나님께 기도하자. 그럼 하나님이 어떤 방법으로든 공급해 주실 거야."

간혹 우리에게 예상치 못한 수입이 생겨서 아이들이 원하는 것을 해주기도 했는데 그런 때라도 아이들은 기도를 먼저 했기 때문에 당연히 하나님이 해주신 것으로 알았다.

냉장고는 좀 특별한 경우였지만 아이들은 우리 부부처럼 물건에 별로 욕심이 없다. 필요한 것만 있으면 된다는 생각이었고 뭔가가 필요해지면 하나님께 기도하고 기다렸다. 그런 습관이 아이들 몸에 밴 뒤로는 우리 부부는 그저 믿음이 자라는 아이들을 파수하는 역할만 하면 되었다. 아이들을 성경적으로 키우겠다는 나의 기도와 각오는 그렇게 하나 둘 결실을 맺고 있었다.

자신의 미래보다 하나님 일이 먼저!
장난꾸러기 큰아들이 엄마를 설득하다

　두 아이가 초등학교를 다닐 때였다. 남편 김학수 목사는 성도들에게 영의 양식을 풍성히 먹이기 위해서 공부를 더 해야겠다고 결심하고 미국 유학을 결정했다. 그 바람에 일가족이 미국에 가서 살게 됐다. 돈 한 푼 없이 낯선 땅 미국에서 네 가족이 어떻게 사나 싶었지만 하나님의 도우심으로 남편도 무사히 학업을 계속했고 아이들도 미국의 학교에서 잘 적응해 갔다. 영어가 무척이나 늘지 않던 나도 용감하게 미국 사람들과 섞여서 일을 했다. 나름 미국에 잘 적응해 간 편이다.

　그렇게 미국 생활이 편안해지고 있을 무렵 남편이 갑자기 한국으로 돌아가자고 했다. 나는 남편이 너무 야속했다. 미국에선 그래도 내가 일을 하면 돈을 벌 수 있었지만 한국은 그렇지 않았다. 사모가 일했다고 돈을 주는 교회가 어디 있는가. 나는커녕 목사님도 월급 한 푼 기대할 수 없는 상황이었다. 사택도 기대할 수 없었다. 새로 태어난 막내까지 다섯 식구가 다시 2평 남짓한 단칸방으로 돌아가야 한다고 생각하는 것만으로도 나는 힘이 들었다. 물론 아예 미국에 눌러앉겠다고 생각한 것은 아니었다. 하지만 이렇게 아무 대책도 없이 한국으로 돌아갈 자신이 없었다. 더구나 아이들이 겨우 학교에 적응해서 잘 다니고 있었다. 그런 아이들이 측은해서 나는 남편에게 조금만 더 있다 가자고 했지만 남편은 이 한마디로 내 입을 막아 버렸다.

"몸으로 낳은 자식만 자식이고 영으로 낳은 자식은 자식이 아닌가?"

맞는 말이었다. 공부가 끝나면 돌아가기로 한 성도와의 약속을 지켜야 했다. 남편은 이 말 한마디만 남기고 먼저 한국으로 돌아갔다.

당시 남편을 초빙한 미국의 교회가 많았다. 남편은 믿음은 대쪽 같아도 더없이 온유한 목회자다. 그래서 남편을 붙들고 싶어 하는 교회에선 내가 돌아가지 않고 남아 있으면 목사님이 돌아오실 거라고 설득했다. 아이들을 생각하면 그들의 말이 옳았다. 이미 영주권도 있었기에 비싼 학비를 내지 않고도 아이들을 미국에서 공부시킬 수 있었다. 더구나 미국 교회에선 사택이 있어서 아이들이 태어나서 처음으로 자기 방에서 보통 아이들이 누리는 평범한 행복을 누릴 수 있었다. 그런 아이들을 다시 단칸방으로 데리고 돌아갈 엄두가 나지 않았다. 평생 미국에서 있자는 것도 아니니 아이들이 대학에 들어갈 때까지만이라도 버틸 생각이었다. 하지만 늘 바늘방석에 앉은 듯이 좌불안석이었다. 그러던 어느 날 전혀 예상치 못한 상황이 벌어졌다.

"엄마, 한국으로 돌아가셔야죠."

당시 중학교 2학년인 큰아들이 이렇게 말하는 것이 아닌가. 자기도 미국에 더 있고 싶지만 아버지의 뜻에 따라야 한다는 것이었다. 아들의 말을 듣자 정신이 번쩍 났다. 그리고 교회에 갔는데 미국인 목사님이 하시는 영어설교가 그날따라 얼마나 잘 들리든지, 그날 말씀은 나오미에 관한 것이었다.

"그래, 애들 좀 잘 키워 보겠다고 미국 땅에 남으면 내가 나오미 신세가 되겠구나. 아무것도 보장된 건 없지만 남편이 갔으니까 나도 가야겠다."

나는 큰아들을 남편의 형님이신 큰아버지 댁에 남겨 두고 딸을 데리고 귀국했다. 큰아들은 어찌나 장난꾸러기였는지 종아리가 아물 날이 없을 만큼 회초리로 키운 아들이었다. 예배 시간마다 바늘로 위협하지 않으면 장난을 멈추지 않던 아들이었다. 그런 아들이 나를 일깨운 것이다!

아이들에게 무엇보다 먼저 하나님을 경외하는 마음을 심으려고 한 나의 부족한 노력을 하나님은 잊지 않으셨다. 장난꾸러기 아들을 고달픈 사모의 삶에서 도망치려는 엄마를 일깨우는 귀한 아들로 키워 주신 것이다.

빵점 엄마의 맡기는 교육 2 – 신앙교육이 먼저다

갓난아기 때부터 예배 중심의 삶을 가르치라
예배는 내 인생에서 가장 중요한 시간인 만큼 무슨 일이 있어도 빼먹어서는 안 되었다. 우리 아이들도 어려서부터 몸에 배어서 지금까지 주일예배는 물론이고 수요예배, 금요철야예배를 당연하게 드린다. 그래서 자연히 삶이 하나님 중심이고 무슨 문제가 생기면 하나님께 무릎부터 꿇는다.

기도하는 습관을 길러라
나는 아이들이 뭘 해달라고 조르면 그냥 준 적이 없다. 형편이 못 되기도 했지만 설사 해줄 수 있어도 믿음을 심어 주기 위해 "하나님께 기도하면 하나님이 어떤 방법으로든 공급해 주실 거야" 하면서 먼저 기도하는 습관을 갖도록 했다. 이렇게 기도하는 습관이 몸에 밴 아이들은 지금도 물질에 욕심을 내지도 않지만 뭔가 필요하면 하나님께 기도부터 하고 기다린다.

믿는 자녀의 유익을 가르치라
나는 아이들에게 교회에서 봉사하고 전도하는 것은 목사의 자녀이기 때문이 아니라 하나님의 자녀이기 때문에 하는 것이라고 가르쳤다. 하나님의 자녀라는 긍지를 심어 주려 노력했다. 또한 믿는 자녀의 유익을 가르쳤고 봉사하는 삶을 은혜로 주신 하나님께 감사하도록 가르쳤다.

엄마도 실수할 수 있음을 알게 하라
나는 나의 잘못이나 실수를 아이들에게 숨기지 않았다. 공부를 가르칠 때도 아이가 모르는 게 있으면 "엄마도 잘 모르거든. 먼저 답을 알아내는 사람이 가르쳐 주기로 하자"고 제안했다. 아이들은 엄마에게 뭔가를 가르칠 수 있어서 좋고 내기에 이겨서 뭔가를 선물로 받으니 좋아했다. 나의 부족함을 통해 아이들이 성장한 것이다.

'나밖에 모르는' 사람이 아니라 '남밖에 모르는' 사람이 세상을 이긴다
아이들은 단칸방에서 책상 하나 없이 자랐지만 사정이 딱한 성도를 보면 그냥 넘기지 못했다. 나와 함께 진심으로 기도한 다음 한 푼 두 푼 모은 돈을 서슴없이 내놓았다. '나밖에 모르는' 이기적인 세상에서 '남밖에 모르는' 사람들로 성장한 것이다.

Chapter 3

빵점 엄마의 100점 교육법 2
자존감을 높여라

'훈육'은 아이들의 영혼을 시원하게도, 만족시켜 줄 수도 없다.
그래서 세련된 교육 방식을 배우지 못한 빵점 엄마인 나는 그저 늘 하나님이
내게 주신 말씀만으로 아이들과 대화를 한다. 그러면 그 말이 어려워도,
이해가 되지 않아도 이상하게 아이들에게 하나님의 사랑이 흘러가는 것을 느낀다.
그렇게 그 위기의 순간에도 나는 아이들의 마음을 얻는다. 그거면 된 것이다.

체벌은 이렇게 1
회초리는 멀리 두고 되도록 천천히 가지러 가라

어릴 때 아이들은 그저 조용히 방에서 책을 읽거나 종이 오리기를 하거나 교회에 있는 피아노를 치면서 노는 게 전부였다. 다른 아이들이 흔히 갖고 있던 장난감 하나 없이 자라는 아이들을 보면 안쓰럽고 미안하고 대견했다. 그래서 어지간한 일은 사랑으로 타이르며 넘어가는 편이었다. 하지만 형제들끼리 싸우거나 나쁜 말을 할 때, 생트집을 잡으면서 동생을 약 올릴 때면 엄하게 혼냈다. 특히 큰아들은 장난이 심해서 많이 혼났다. 한두 번은 말로 경고했지만 이후로도 개선되지 않으면 체벌을 했다.

체벌에 대해서는 부모님이나 선생님들 사이에서 의견이 분분하다. 체벌을 해야 한다, 안 된다, 도무지 접점을 찾기 힘든 논란이 체벌이다. 하지만 나는 체벌을 하느냐 마느냐보다 더 중요한 것은 어느 쪽이든 아이들에게 상처를 주지 않는 것이라고 생각한다.

나는 체벌을 하는 쪽을 선택했다. 하지만 체벌로 인해 아이들에게 상처를 주지 않고 나쁜 습관을 고치도록 하기 위해 몇 가지 원칙을 지켰는데 그 첫 번째가 체벌을 하기 전에 철저하게 나 자신을 다스리는 일이었다. 화가 나서 체벌을 하면 아이에게 지울 수 없는 상처를 남기기 때문이다.

아이가 계속 말을 듣지 않거나 좋지 않은 행동을 반복하면 부모는 당연히 화가 치솟는다. 나 역시 그런 경우 불같이 화가 난다. 그럴 때는 먼저 컵에 물을 따라서 천천히 마셨다. 정말 아이 셋을 키우며 물을 엄청 마셨다. 그때 먹는 물만큼 맛없는 물도 없다. 하지만 나는 천천히 물을 마시며 머리끝까지 치솟은 화를 식히면서 아이의 행동에 대해 다시 한 번 곰곰이 생각한다.

아무래도 체벌이 필요하다 싶으면 이번에는 회초리를 가지러 가는데 나는 늘 장롱 위 맨 구석에 다섯 개 정도의 회초리를 놓아 두었다. 그곳에 있는 회초리를 꺼내려면 자그마한 내 키로는 불가능했다. 그러니 의자를 가져와야 한다. 그리고 그 위에 올라가 손을 뻗어서 회초리를 꺼냈다. 그러면서 기도를 한다. 이 회초리로 아이에게 진짜 교육을 할 수 있게 해달라고, 나쁜 버릇을 고치는 회초리가 되게 해달라고. 실제로는 아주 짧은 시간이지만 그렇게 몇 단계를 거치는 동안 불같이 치솟았던 화나 분노가 사라지고 마음이 차분하게 가라앉으면서 평강이 찾아온다.

그 상태가 되면 회초리를 옆에 갖다 놓고 아이를 부른다. 그리고 성경을 펴고 잠언의 다음 말씀을 함께 읽는다.

"아이를 훈계하지 아니하려고 하지 말라 채찍으로 그를 때릴지라도 그가 죽지 아니하리라 네가 그를 채찍으로 때리면 그의 영혼을 스올에서 구원하리라"(잠 23:13-14).

말씀을 읽는 동안 아이는 자기가 엄마의 분노나 기준에 의해 매를 맞는 것이 아니라 하나님의 원칙에 따라 맞는다는 사실을 이해했다. 그러고 나면 아이에게 이렇게 말했다.

"봐라. 하나님이 성경에서 이렇게 명령하셨지? 말씀에 따라서 네가 맞아야 하는데 너는 어떻게 생각하니?"
"…맞아야죠."
"그럼 네가 한 일이 얼마나 잘못한 일인지 생각해 보고 몇 대를 맞을지 네가 정해."
"20대요…."

큰아이는 늘 20대였다. 그걸 보면 큰아이와 작은아이가 정말 다르다는 걸 느낀다. 큰아이는 장난이 심하기는 하지만 무척 정직하다. 꼭 아버지를 닮았다. 그래서 자기가 잘못한 정도를 생각해서 정직하게 숫자를 댄다. 그게 늘 20대였다. 좀 요령 있게 오늘은 10대만 맞겠다고 하면 되는데 그런 걸 몰랐다. 그러면 나는 아이가 말한 대로 회초리로 종아리를 때리는데 그때부터는 옆에 있던 딸이 울기 시작한다. 돌아가는 상황을 보니 오빠가 맞겠다고 말한 대로 엄마가 진짜로 회초리로 때리는 거다! 그러니까 무서워서 방구석으로 도망가서는 잘못했다고 싹싹 빌면서 오빠를 때리지 말라고 엉엉 운다. 그러니까 같이 잘못해도 둘째는 많이 맞질 않았다.

대개는 체벌을 하기 전에 몇 차례에 걸쳐서 경고를 한다. 아이들에게서 안 좋은 행동이나 말이 나오면 먼저 "어어~ 어어!" 하고 경고를 한다. 그런데도 계속하면 "명은아! 명화야!" 하고 이름을 부른다. 그래도 계속하면 "김명은! 김명화!" 하고 부르는데 대개는 그 정도에서 하던 짓을 멈춘다. 내가 아이들 이름을 성을 붙여서 부르면 진짜 화가 났다는 걸 알기 때문이다. 그런데도 계속하면 그때는 어김없이 체벌을 했다. 어렸을 때는 그렇게 원칙에 따라 엄하게 키웠다.

회초리를 너무 자주 들어서도 안 되지만 일단 회초리를 들었으면 눈물이 쏙 빠지게 때려야 한다. 큰애는 늘 20대를 맞겠다고 했기 때문에 처음에는 좀 살살 때린다. 17대까지는 좀 봐주다가 나머지 3대는 정말 눈물이 쏙 빠지도록 세게 때린다.

"매를 아끼는 자는 그의 자식을 미워함이라 자식을 사랑하는 자는 근실히 징계하느니라"(잠 13:24).

그런데 요즘 어머니들이 체벌하는 것을 보면 감정으로 때리거나 너무 물러서 회초리를 드나 마나 한 경우가 있다. 체벌을 하기는 하는데 하나도 아프지 않은 것이다. 그런 매는 아이에게 전혀 소용이 없고 괜히 때리는 엄마의 마음만 힘들다. 나는 정말 내 살이 찢어지는 듯한 고통을 느끼며 세게 때렸다. 그런데 그렇게 때려도 된다는 자신이 있었다. 때려도 죽지 않을 것이라 하셨기 때문이다.

그리고 말씀을 읽고 맞는 것이기 때문에 아이들도 하나님께 매를 맞았다고 생각하지 엄마가 때렸다고 생각하지 않는다. 엄마가 자기들을 미워해서 그런 게 아니란 걸 아는 것이다. 체벌을 한 뒤에는 늘 이렇게 말했다.

"엄마한테는 매를 맞아서 해결이 됐지만 하나님께는 네가 입으로 잘못한 것을 시인해야 용서가 되니까 기도하자."

그렇게 함께 기도한 뒤에는 아이들을 안아 주며 사랑한다고 말해 주었다. 때리는 엄마의 아픈 마음을 전해 주는 것도 잊지 않았다. 그래서인지 아이들은 매를 든 엄마를 어려워하면서도 상처를 크게 받지는 않은 것 같다. 감사한 일이다.

또한 나는 체벌을 하면서 중요한 사실 하나를 아이들에게 말해 주었는데 그것은 부모도 잘못하면 하나님께 매를 맞기 때문에 늘 잘못을 고백하고 회개를 한다는 것이다. 아이들이 자기들만 나쁜 짓을 한다고 생각하는 것도 건강하지 않은 것 같고, 또 아이들이 보기에 부모도 좋지 않은 일을 할 때가 있는데 부모는 매를 맞지 않는다고 생각할까 봐 이런 말을 해준 것이다. 하나님 앞에서 사람은 누구나 완벽하지 못하기 때문에 부모도 늘 하나님의 마음을 아프게 하지 않으려고 노력하며 살아간다는 사실을 말해 준 것이다.

체벌은 이렇게 2
맏이는 엄하게 체벌로, 응석받이 막내는 감정에 호소하다

큰아들과 딸은 엄격한 기준의 체벌로 나쁜 습관을 많이 고쳤다. 그런데 딸보다 열 살이나 어린 셋째는 이상하게 체벌이 효과가 없었다. 막내아들도 역시 아들인지라 큰아들처럼 장난도 심하고 친구를 좋아해서 학교 숙제라든가 자기 할 일을 잊어버리고 노는 데 정신이 팔려서 늘 학교생활이 뒤죽박죽이었다. 그때마다 매를 들지만 웬일인지 막내는 매를 맞고 나서도 위의 두 아이처럼 변화되지 않고 같은 실수를 반복했다. 내가 드러내 놓고 아이들을 차별하는 게 아닌데도

확실히 내리사랑이라 그런지 막내에게는 섣부른 체벌이 전혀 효과가 없었다.

그래서 고민하다 감정에 호소하기로 하고 하루는 막내의 짐을 싸서 한가운데 놔두고 돌아오길 기다렸다. 이윽고 친구들과 실컷 놀다가 천연덕스럽게 웃으며 들어온 아이는 자기 짐을 보고 놀랐다. 그 표정을 보고 나도 천연덕스럽게 연기했다.

"엄마가 아무래도 너를 잘못 교육한 것 같다. 그러니까 네가 이렇게 엄마 말을 듣지 않는 거겠지. 그래서 너에게 부모보다 더 좋은 사람이 있으면 보내 주려고 한다. 네가 제일 좋은 사람이 누구인지 잘 생각해 보고 짐을 다 싸놨으니까 그 사람 집에 가거라. 그게 너에게 제일 좋을 것 같다. 하나님의 귀한 아들을 엄마가 망칠까 봐 겁이 나는구나."

그렇게 말하고는 아이의 표정을 살폈다. 혹시나 반응이 없으면 어쩌나 걱정하면서. 그런데 웬걸, 생각보다 막내가 많이 당황하고 있었다. 그러더니 갑자기 울음을 터뜨리며 엄마 아빠와 같이 살게 해달라고 매달리는 게 아닌가. 아이가 너무 충격을 받은 것 같아서 '이거 내가 너무 심한 게 아닌가' 했지만 결국 나는 친구의 집으로 가라고 버텼고 마지못해 아침에 가라고 져 주는 척하자 제 손으로 짐을 풀고는 절대로 가지 않겠다고 했다. 그리고 이후로는 친구들과 노는 데 팔려서 자기 할 일을 잊는다든지, 집에 늦게 온다든지 하던 버릇이 사라졌다. 나는 속으로 쾌재를 불렀다. 드디어 막내의 버릇을 고칠 방법을 찾아낸 것이다. 막내를 향한 나의 회초리만 무른 게 아니라 막내도 큰 아이들보다 마음이 여리다는 것을 알게 된 것이다. 짐을 쌀 정도의 큰 잘못을 한 게 아닌 경우에는 아이가 듣도록 울면서 큰 소리로 기도했다.

"하나님 제가 귀한 막내아이를 잘못 키웠으니 저에게 벌을 내리시고 저를 때려 주세요."

그러자 막내는 울면서 달려와서는 잘못한 사람은 난데 왜 엄마가 벌을 받느냐고 그런 기도 하지 말라고 사정을 했다. 그래서 그때도 버릇을 하나 고쳤다.

나는 언제나 내 눈에 띄는 아이들의 버릇과 정면으로 싸웠다. 그것이 내 눈에 띄는 것은 하나님이 내게 고치라고 보여 주신 거라 생각하고 절대 포기하거나 그냥 넘기지 않고 기도로 지혜를 구하면서 끝까지 매달렸다. 시간이 걸리고 번거로워도 아이를 내 스타일에 맞추려고 하지 않고 내가 아이의 특성에 맞는 방법을 찾아내서 다양한 시도를 했다.

키우면서 알게 된 것이지만 남들이 보기엔 쌍둥이처럼 닮았다고 해도 아이들은 하나같이 정말 다르다. 첫째와 둘째와 막내가 다르고, 아들과 딸이 전혀 딴판이다. 그래서 한 아이가 태어날 때마다 뭐든지 처음부터 새로 시작하는 기분이었다. 그 점이 기쁨이기도 했지만 아이를 키워야 하는 엄마로선 두렵고 엄청난 도전을 요구하는 일이었다. 하지만 다른 재능, 다른 성격, 다른 꿈을 가진 아이들을 그저 부모의 스타일에 끼워 맞춰선 곤란하다. 부모의 그런 억지로 인해 아이들은 상처받기 때문이다.

남자애는 매를 더 오랫동안 맞는다. 큰애는 중학교 2학년 때까지 회초리를 맞았다. 나는 손으로 때린 적이 없다. 딱 한 번 회초리가 없어서 막내를 북채로 때린 적이 있는데, 나중에 막내가 "드럼을 칠 때마다 북채로 맞은 생각이 난다"고 했다. 그 말을 듣고 얼마나 회개했는지 모른다. 겉으로는 농담으로 "그거 평생 교육 효과가 있겠다"고 말하며 웃었지만 결코 잘한 짓이 아니었다. 오랜 세월이 지난 지금까지도 그때의 기억이 가시처럼 나를 괴롭힌다. 아마도 죽을 때까지 후회하며 회개할 것 같다.

많은 부모들이 화가 나면 아무거나 닥치는 대로 집어 때린다. 그렇게 맞은 아이들은 그 물건만 보면 아픈 기억이 난다. 특히 부모님이 손만 들면 피하는 아이들이 있다. 그 아이한테 부모의 손은 사랑이 아니라 폭력인 것이다. 정말 가슴 아픈 일이 아닐 수 없다. 그런 기억이 부모와 자녀 사이를 평생 아프게 만든다.

사실 애들을 때리는 게 쉬운 일인가. 손바닥이나 종아리를 때리려 해도 너무 마음이 아픈데, 화가 난다고 손으로 뺨이나 머리를 마구 때려서야 교육은커녕 부모 자녀 관계만 더욱 나빠질 뿐이다. 체벌은 정말 원칙을 가지고 엄격하고 공정하게 해야 교육이 된다는 점을 부모들이 기억하기 바란다.

한편, 성경 말씀을 근거로 체벌을 하는 것은 아이들에게 상처가 되지 않는다. 오히려 그렇게 훈육하고 가르칠 때 하나님이 주시는 부모의 권위가 생긴다. 나도 가끔 너무 화가 나면 소리를 질렀다. 그러나 자녀 앞에서 부모가 자기감정을 통제하지 못하는 상황이 잦으면 잦을수록 권위가 추락하고 훈육도 할 수 없어진다.

말에 관한 교육 1
냉수 마시며 묵상하는 두 가지 말씀

아이들이 자랄 때는 만만한 사람이 엄마다. 그래서 화가 나도, 뭔가 필요한 게 있어도 엄마한테 집요하게 매달린다. 그런 아이들과 실랑이를 하다 보면 나도 모르게 화가 불쑥 치밀 때가 있다. 그런데 그때 무심코 감정에 못 이겨서 내뱉은 말 한마디가 아이들에게 씻을 수 없는 상처가 되는 경우가 많다.

"넌 예수님 믿는다는 애가 왜 그 모양이니?"

부모가 무심코 아이들에게 하는 말이자 아이들이 가장 크게 상처 받는 말이기도 하다. "목사 자녀가 그러면 되니?", "아빠가 장로인데 네가 그러면 어떡하니?"로 아이들을 혼낼 때 아이들 마음속에는 두 가지의 치명적인 반발심이 생긴다고 한다. 첫째가 자신이 예수님을 믿을 자격이 없는 게 아닌가 하는 의심이다. 믿지 않으면 이런 말도 듣지 않을 텐데 하는 생각과 함께 결국은 믿음의 부담으로부터 벗어나기 위해 떠날 수 있다.

둘째는 "예수님을 믿는다는 엄마 아빠는 왜 그런데?" 하는 반발심이다. 믿는 부모라도 성경적으로 살지 않을 때가 더 많기 때문에 아이들의 이 같은 반발은 당연하다. 물론 부모가 이 사실을 몰라서 자녀에게 그런 말을 하는 건 아니다. 자녀가 잘되기를 바라는 마음에서 하는 말이다.

그래서 부모가 되면 가장 먼저 다스려야 할 것이 내 입에서 나오는 말이다. 그중에서 가장 문제가 되는 말이 화가 나서 하는 말이다. 자녀에게 화가 날 때 절대로 입을 먼저 열어서는 안 된다. 나는 아이들이 나쁜 행동을 하거나 반복되는 실수를 해서 화가 날 때 화를 참기 위해 물을 마시면서 떠올리는 말씀이 있다.

"노하기를 더디하는 자는 용사보다 낫고 자기의 마음을 다스리는 자는 성을 빼앗는 자보다 나으니라"(잠 16:32).

나는 어린 시절, 너무나 가난하고 절망에 빠진 상태에서 말씀을 만나서인지 말씀 한마디 한마디를 곧이곧대로 읽고 느끼는 습관이 있다.

"노하기를 더디 하는 자는 용사보다 낫고…."

어렸을 때는 이 말씀의 뜻이 도무지 이해되지 않았다. 노하기를 더디 하는 자와 용사는 무슨 관계가 있는 것일까? 그것이 오랜 나의 의문이었는데 아이들을 키우면서 이 말씀이 뼛속 깊이 느껴졌다. 용사는 전쟁에 능한 사람이다. 그런데 노하기를 더디하는 사람이 용사보다 낫다고 한다. 그렇다면 용사는 누구와 싸우는 사람인가? 바로 나 자신과의 전쟁이다. 내 안에 있는 나를 조종해서 하나님의 가정을 무너뜨리려고 하는 이기심과 사탄과의 전쟁에서 이기는 자, 그가 바로 여기서 말하는 용사다.

"자기의 마음을 다스리는 자는 성을 빼앗는 자보다 나으니라."

이 말은 사람의 혀로 만들어 낸 수식어가 아니다. 여기엔 아이들 교육에 관한 놀라운 비밀이 담겨 있다. 아이들은 하나의 성이다. 하나님의 교회와 같은 거룩한 성이다. 그 성을 일찌감치 세상의 것으로 만들려는 게 사탄이고 부모는 바로 그 사탄으로부터 하나님의 성을 지키는 전쟁을 하는 사람이다. 그런데 그 전쟁에서 이기고 지는 것이 내 마음을 다스리는 것에 달렸다는 말씀이다.

화가 나서 하는 말은 아이들의 마음에 생채기를 만들어 부모를 멀리하게 만든다. 가까이 갈 때마다 아픈 말을 들어야 하기 때문에 아이들은 부모로부터 점점 멀어진다. 바로 그때 아이들의 외로운 마음을 세상의 쾌락으로 거짓 위로하며 다가오는 게 사탄이다. 반복되는 부모의 말로 인해 아이들은 부모의 품을 멀리하고 세상으로 가 버린다. 아이들을 교육한다면서 실은 부모가 아이들을 세상으로 내몰고 있는 것이다! 나는 이 무서운 광경이 눈에 보이는 듯했고 그래서 언제나 치열하게 나 자신과 먼저 싸웠다. 그것이 아이들 교육의 시작이었다.

"죽고 사는 것이 혀의 힘에 달렸나니 혀를 쓰기 좋아하는 자는 혀의 열매를 먹으리라"(잠 18:21).

내가 아이들을 혼내기 전에 냉수를 마시면서 묵상하는 또 하나의 말씀이다. 하나님은 사람의 혀에 관해 정말 무섭도록 분명하게 말씀하셨다. 이 말씀을 묵상할 때마다 '하나님이 내게 맡기신 귀한 아이들을 내가 말 한마디로 죽일 수 있다!'는 두려움을 느낀다.

그런데 말씀을 뒤집어서 생각해 보면 꼭 부정적으로만 말씀하신 것은 아니다. 죽고 사는 것이 혀에 달렸다는 말은 말로 아이를 죽일 수도 있듯 살릴 수도 있다는 뜻이기 때문이다. 내 말로 아이들을 살릴 수 있다. 내 말 한마디로 어둠에 잠긴 아이들을 살릴 수 있다! 두려움과 언약의 확신을 동시에 품고 나는 이 말씀을 붙들기로 했다. 그리고 입을 열기 전까지 나는 치열하게 내 자신과 싸웠다.

"아이구, 이 요셉 같으니라고. 얼마나 사람들을 많이 살리려고 이러니?"

"아휴, 정말 요 축복받을 녀석이…."

정말 처음에는 어처구니가 없었다. 내가 내 혀로 하고도 민망하게 느껴졌다. 하지만 지금 눈에 보이는 아이들의 부족한 면을 보지 말고 장차 하나님이 빚어 가실 완성된 아이의 모습을 그리며 이렇게 말하기 시작했다.

그러자 가장 먼저 아이가 반응을 했다. 자기가 생각해도 이 말이 어처구니가 없는 모양이었다. 그래서 대개는 아이가 먼저 웃음을 터뜨린다. 말 안 듣고 떼를 써서 욕먹을 줄 알았는데 요셉 같다, 축복 받으라고 하니 전후 상황은 어찌 되었건 일단은 기분이 좋아지는 것이다. 그러면 나도 웃고 만다. 그리고 숨이 막히게 조르거나 떼를 쓰던 아이가 이내 차분해진다.

"엄마는 널 그렇게 생각하는데, 하나님은 널 그런 사람으로 만드셨는데, 네가 그러면 되겠니?"

말하지 않아도 이렇게 말하고 싶은 나의 마음을 아이도 안다. 그러면 본론을 말하지 않아도 된다. 어눌한 나의 입으로 아이를 훈육하면 얼마나 하겠는가. 아이는 사실 나보다 깨끗한 영혼을 가진 존재다. 내 안에 있는 욕심과 뒤틀린 마음을 아무리 잠재우고 다스려도 내 입에서 나오는 '훈육'은 아이들의 영혼을 시원하게도, 만족시켜 줄 수도 없다. 그래서 세련된 교육 방식을 배우지 못한 빵점 엄마인 나는 그저 늘 하나님이 내게 주신 말씀만으로 아이들과 대화를 한다. 그러면 그 말이 어려워도, 이해가 되지 않아도 이상하게 아이들에게 하나님의 사랑이 흘러가는 것을 느낀다. 그렇게 그 위기의 순간에도 나는 아이들의 마음을 얻는다. 그거면 된 것이다. 다음 전투의 순간이 올 때까지 나는 안심이다.

말에 관한 교육 2
거짓말 치료엔 요한계시록이 즉효!

부모의 말도 조심해야 하지만 아이들의 말도 그냥 흘려들어선 안 된다. 아이들이 자라면서 가르쳐 주지 않아도 공통적으로 배우는 말이 있는데 바로 거짓말이다. 아이들이 거짓말을 배우는 걸 보면 천부적인 학습 능력이 있다는 걸 실감한다. 머리가 좋고 영리한 아이일수록 거짓말의 수위가 높다. 처음엔 친구들이나 부모들이 속는 게 재미있어서 시작했다가 나중엔 아예 습관이 되어 버린다. 그런데 이 거짓말은 일찍부터 싹을 잘라 버려야 한다. 왜냐하면 요한복음 8장에도 나오듯이 거짓말의 아비는 바로 사탄이기 때문이다.

"너희는 너희 아비 마귀에게서 났으니 너희 아비의 욕심대로 너희도 행하고자 하느니라 그는 처음부터 살인한 자요 진리가 그 속에 없으므로 진리에 서지 못하고 거짓을 말할 때마다 제 것으로 말하나니 이는 그가 거짓말쟁이요 거짓의 아비가 되었음이라"(요 8:44).

한번은 막내아들이 어디서 배웠는지 터무니없는 거짓말을 했다. 적당히 경고해서 주의를 줬는데도 그치지 않고 점점 심해졌다. 나중에는 도저히 들어줄 수 없는 지경까지 가서 뭔가 조치가 필요했다.

체벌은 먹히지 않는 막내라서 기도하며 성경 말씀을 찾았다.
어느 날, 막내를 불러 앉히고는 요한계시록 21장과 22장에 있는 다음 말씀을 손가락을 짚어 가면서 읽게 했다.

"두려워하는 자들과 믿지 아니하는 자들과 흉악한 자들과 살인자들과 음행하는 자들과 점술가들과 우상 숭배자들과 거짓말하는 모든 자들은 불과 유황으로 타는 못에 던져지리니"(계 21:8).

"우상 숭배자들과 및 거짓말을 좋아하며 지어내는 자는 다 성 밖에 있으리라"(계 22:15).

말씀을 읽고는 놀란 눈을 하고 나를 쳐다보는 막내에게 이렇게 말했다.

"원래 거짓말은 사탄이나 하는 건데 할 수 없구나. 네가 엄마 아빠 말보다 사탄의 말을 더 잘 들으니 사탄하고 같이 있어야지. 아빠랑 엄마랑 형이랑 누나는 다 천국에 가서 만날 텐데 넌 거짓말하니까 사탄이 떨어지는 지옥에 가야겠네. 엄마는 네가 너무 보고 싶겠지만 네가 좋아하니 할 수 없지 뭐. 우리랑 헤어지는 수밖에."

막내는 내 말이 끝나기도 전에 펑펑 울음을 터뜨렸다. 다시는 거짓말을 하지 않을 테니 용서해 달라고 매달렸다. 그것도 불안했는지 하나님께 용서해 달라고 엄마가 같이 기도해 달라고 졸랐다. 효과만점이었다! 그래서 나는 아이를 품에 안고 간절하게 거짓말한 것에 대한 회개기도를 했다. 그날 이후 막내는 다시는 거짓말하지 않았고 스물아홉이 된 지금도 주변 사람들에게 '빈말로도 거짓말을 하지 않는' 사람으로 살고 있다.

지금도 그 순간의 전율이 생생하다. 그 순간 내가 느낀 건, 거짓말의 영에 잡혀 있던 아이가 하나님의 말씀을 듣고 필사적으로 그 웅덩이에서 빠져나오려고 하던 모습이다. 또한 거짓말을 싫어하시는 하나님께서 강력한 힘으로 그 아이 안에서 역사하시던 모습이다.

어른과 아이의 가장 큰 다른 점은 거짓말이다. 어른들은 거짓말을 밥 먹듯이 하고 산다. 거짓말을 하는 사람은 남의 말도 믿지 않는다. 그러다가 하나님의 말씀도 믿지 않게 된다. 그것이 바로 사탄의 목적이다. 그래서 사탄은 거짓말의 유희로 아이들에게 접근한다. 거짓말이 거짓말인 줄 모를 때 아이에게 거짓말의 인을 박으려는 것이다. 그러므로 아이들의 거짓말을 가능한 한 일찍, 어렸을 때 확실한 훈계로 끊어 버리는 것이 믿는 부모가 해야 할 가장 중요한 일 중 하나다.

나쁜 버릇 고치는 것보다
아이의 자존감을 지키는 게 먼저

가난한 동네의 개척교회 사모는 잠시도 편하게 집에 앉아 있을 틈이 없다. 그날도 하루 종일 성도들의 안타까운 일들을 처리하고 집에 돌아와 보니 아이들이 싸우고 있었다. 며칠 잠잠하다 싶었는데 오늘도 별것 아닌 일로 서로 실랑이를 벌이다가 결국 큰애가 딸을 때려 울리고 말았다. 딸은 악을 쓰며 오빠를 따라다니고 아들 녀석은 약을 올리며 도망 다닌다. 동생을 울리거나 형제끼리 싸우다가 들키면 매를 맞기로 우리는 이미 약속한 터였다. 내가 들어서자 딸은 매를 맞을까 봐 무서워 울음을 삼키는데 동생을 놀려 먹던 큰아들은 재미있다는 듯 웃다가 나와 눈이 딱 마주치고 말았다.

또다시 절망감이 밀려온다. 아, 오늘은 또 어떻게 이 상황을 수습하나. 아물 날이 없는 큰아들의 손바닥을 생각하면 마음이 천근만근이다. 변하지 않는 아이들을 보면 암담하기만 하다. 체벌을 시작한 것도 후회스럽고 나중엔 아이들을 낳은 것이 후회스러워진다. 내가 무슨 교육전문가도 아니고 그냥 가난하고 배운 것 없는 엄마일 뿐인데, 광야에서 사고뭉치 이스라엘 백성들 때문에 속을 끓이던 모세의 심정이 절로 느껴진다. 아이들을 실컷 두들겨 팬 뒤 있는 대로 소리 질러야 풀릴 것 같은 이 답답함!

하지만 그렇게 하는 순간, 모든 것이 수포로 돌아간다는 걸 알기에 조용히 돌아서서 부엌으로 향한다. 그리고 천천히 냉수를 따라 마시면서 눈을 감는다.

"나를 부모되게 하신 아버지! 제 자신을 이길 수 있는 용기와 흔들리지 않는 마음을 주세요!"

도무지 아이들은 부모를 잠시도 가만 놔두질 않는다. 옆에서 계속 칭얼대며 귀찮게 하거나 안 보이는 데서 사고를 치거나 둘 중 하나다. 뱃속에서 나오는 순간부터 잠시도 마음을 놓을 수 없는 존재가 바로 자식이다.

아이들이 지하철을 처음 타면 도무지 가만있질 않는다. 이때 아이들을 얌전하게 만들려고 소리를 지르거나 때려서 울리는 엄마들이 있다. 주변의 많은 눈들을 무기 삼아 아이에게 창피를 줘서 조용하게 만드는, 정말 비겁한 방법이다.

아이들이 지하철에서 유난히 주의가 산만한 건 신기해서다. 벌 떼처럼 몰려 있는 많은 사람들도 신기하고 땅 밑으로 차가 다니는 것도 신기하다. 그래서 손잡이에도 매달려 보고 옆 사람에게 폐가 되는 줄도 모르고 창문에 매달려 밖을 보느라 정신을 잃는다.

이때 엄마가 아이의 심정을 헤아리기보다 주변 사람들의 눈치를 보기에 급급하면 아이의 자존감에 깊은 생채기를 내게 된다. "오늘은 절대 못 참아" 하며 자기를 합리화하면서 아이를 길거리에서 두들겨 패고, 욕을 하고, 소리를 지르는 것이다.

아이들을 나무랄 때는 먼저 생각해야 할 것이 있다. 나쁜 행동이 먼저냐, 아이들의 자존감이 먼저냐이다. 나쁜 버릇을 단번에 뿌리 뽑으려는 부모의 조급함이 아이들의 자존감을 해칠 수 있기 때문이다. 원래 아이들의 문제 행동은 단번에 고쳐지지 않는다. 반복되는 지적과 경고를 통해서 점차 변화되는 시간이 필요하다. 부모가 기다리지 못하고 성급하게 '행동교정'에 우선을 두면 십중팔구 아이들은 상처를 입는다. 아이의 자존감이 먼저다. 단번에 문제 행동이 고쳐지지 않는다고 자존감을 건드려선 안 된다. 한번 다치면 그 상처는 쉽게 아물지 않기 때문이다.

특히 사람들이 있는 데서 아이들을 혼내는 건 삼가야 한다. 부모가 어쩔 수 없이 주변 사람들의 시선을 의식해서 자기 체면을 차리려 하기 때문이다. 이렇게 혼내는 건 차라리 안 하느니만 못하다. 아이들의 기만 죽일 뿐이다.

다른 사람들이 지켜보는 자리에서 꾸지람을 듣는 순간, 아이의 영혼엔 지워지지 않는 수치심이 자리 잡는다. 아이는 엄마와 지하철을 탔을 때 다시는 전철에서 소란을 피우지 않을 것이다. 왜냐면 전철이 이전같이 신기한 곳이 아니라 아픈 기억이 있는 곳이기 때문이다. 그런 아이를 보며 교육 효과가 확실했다고 미소 짓는 어머니가 있다면 정말 슬픈 일이다.

나는 날마다 냉수를 얼마나 많이 마셨는지 모른다. 아이들에게 좋은 것은 못해 줘도 상처는 주지 않겠다고 다짐했기 때문이다. 그래서 냉수를 마시며 나의 분노와 절망을 잠재우고 하나님의 마음을 구하며 다음 할 일을 생각했다.

'종아리가 아물지 않아도 매 맞을 짓을 했으니 맞아야지.'

자식이 아무리 안쓰러워도 하나님 말씀을 근거로 한번 세운 원칙은 어김없이 지켰다. 약해지려는 마음을 다잡고 천천히 장롱 위에서 회초리를 꺼낸 뒤 두 아이를 불렀다. 그리고 성경을 펴고 말씀을 읽은 뒤 아이를 쳐다보았다. 오늘도 아이는 20대다. 딸아이의 울음소리는 마음속에서 남몰래 흘리는 나의 울음이다. 회초리를 내리치며 나는 기도를 시작한다.

"저는 그냥 이렇게 제가 아는 대로 하겠습니다. 하나님 아버지께서 아이들에게 말씀해 주세요. 아버지의 원칙이 변하지 않는 것처럼 아이들을 향한 아버지의 사랑도 변하지 않는다는 것을…."

주면서 자란 아이, 가난해도 상처받지 않는다

큰아들은 시카고에 있는 큰아버지 댁에서 미국 공립학교를 잠시 다닌 적이 있다. 그때 큰댁 조카가 이런 말을 했다.

"명은이는 아무 옷이나 입고 학교에 가요. 저는 절대 그렇게 못하거든요. 명은이는 성격이 너무 좋아요."

우리 애들은 장성한 지금도 명품이란 걸 모른다. 옷도 몸도 위생상 깨끗하면 그만이라는 생각이다. 음식도 특별히 가리지 않는다. 나에게 뭔가를 갖고 싶다고 말한 기억도 없다. 그런데 나중에 들어 보니 하고 싶은 거 갖고 싶은 게 없었던 건 아니었다. 다만 가정 형편을 생각해서 참았을 뿐이었다. 돌아보면 나는 정말이지 아이들의 심리에 대해 너무 무지했던 것 같다. 워낙 우리 애들이 착해서 뭘 사달라지 않는다고 생각했을 뿐이다.

아이들은 무엇이든 생기면 교회 성도들이 먼저이고 남으면 자기들 차지라는 것이 몸에 배었다. 그래서 있으면 가져가고 없으면 그냥 가고, 학교 준비물도 교회 유치원에서 쓰고 남은 것들을 챙겨 갔다.

그런데 고맙게도 아이들은 정말 가난하게 자란 아이들답지 않게 가난을 부끄러워하지 않는다.

특히 큰아이는 부잣집 아들처럼 걱정이 없고 마음이 평안하다. 오히려 내가 성도들 때문에 걱정을 하면 "엄마, 시간이 지나면 해결될 테니 하나님께 맡기고 너무 고민하지 마세요" 한다. 결혼해서 자녀가 생긴 지금도 큰아들이 사는 방식엔 변함이 없다. 그런 성격으로 목회를 하고 있으니 신기하기만 하다.

십계명을 제대로 배운 아이들은 도둑질을 하지 말라는 말씀을 목숨처럼 지킨다. 돈이 마룻바닥에 굴러다녀도 쳐다보지도 않는다. 남의 것은 아예 쳐다보지도 않는다. 그리고 학교에는 으레 부잣집 아이들이 있는 법인데, 그런 아이들 집에 갔다 와도 전혀 기가 죽거나 힘들어 하지 않는다.

딸아이는 예민한 사춘기 때도 남의 재주에 질투하는 법이 없었다. 나와 아주 친한 친구의 딸이 피아노를 아주 잘 쳤다. 언젠가 예배가 끝난 뒤 대회를 앞둔 친구 딸을 따라 피아노 학원에 딸려 보냈다.

"그 언니 피아노 잘 치니까 부럽지?"

집에 돌아온 딸에게 내가 넌지시 물으니 딸은 이렇게 대답했다.

"아니, 난 다른 거 하잖아. 그건 그 언니 장기고. 난 피아노엔 전혀 관심 없어."

딸의 대답을 듣고 나는 속으로 얼마나 감사했는지 모른다. 딸이 어렸을 때 오빠를 따라 피아노 학원에 가고 싶다고 얼마나 졸랐는지 모른다. 그런 딸이 자라면서 모든 사람은 재능이 다르고 필요한 것도 다르며 자기의 재능은 피아노가 아니라는 걸 알게 되었다. 그 뒤부터 떼를 쓰며 조르거나 자기보다 나은 사람을 질투하는 법이 없었다.

아이들이 어렸을 때는 너무 가진 게 없어서 어떻게 키웠는지 생각도 나지 않는다. 어떤 날은 성도들의 딱한 사정을 돌보느라고 아이들이 뭘 먹었는지도 모르고 지나간 적도 있다. 그러나 아이들은 으레 아빠 엄마가 나보다 더 가난한 이웃들을 도우러 나갔다는 것을 알았기에 있는 것을 나눠 먹으며 집이나 교회에서 놀면서 부모를 기다렸다. 너무 늦어서 아이들이 저녁도 제대로 먹지 못하고 잠드는 날도 있었지만 아이들은 그것 때문에 부모를 원망하거나 부끄러워하지 않았다.

지금 생각하면 정말 꿈만 같다. 그 가난한 시간들을 어찌 헤쳐 나왔단 말인가. 그러는 사이 삼 남매는 내가 상상도 하지 못한 귀한 성품을 가진 영혼들로 성장했다. 이것이 가능했던 단 한 가지의 이유가 있다면 나누며 자랐기 때문이다. 아무리 가난해도 내게 남은 것을 주면서, 어떤 때는 내게 필요한 것이라도 먼저 남에게 주면서 자란 덕분에, 아이들은 어른도 이기기 어려운 가난을 극복할 수 있었던 것이다.

빵점 엄마의 맡기는 교육 3 - 자존감을 높여라

회초리는 나쁜 버릇을 고치기 위해 사용하라
체벌이 필요하다 싶으면 나는 먼저 컵에 물을 천천히 따라서 마신다. 그런 다음 장롱 위 맨 구석에 올려 둔 회초리를 가지러 가는데 회초리를 꺼내려면 의자를 가져와서 손을 힘껏 뻗어야 한다. 그러는 동안 이 회초리로 아이에게 진짜 교육을 할 수 있게 해달라고, 나쁜 버릇을 고치는 회초리가 되게 해달라고 기도한다. 그러고도 아이를 앞에 앉혀 놓고 "아이를 훈계하지 아니하려고 하지 말라 채찍으로… 때리면 그의 영혼을 스올에서 구원하리라"는 말씀을 읽는다. 그러면 아이는 엄마의 분노나 기준에 의해 매를 맞는 것이 아니라 하나님의 원칙에 따라 맞는다는 것을 알게 된다. 그러면 아이들은 체벌로 인해 상처받지 않고 진정으로 자신의 잘못을 뉘우치게 된다.

체벌이 안 통한다면 차라리 축복하라
"아이구, 이 요셉 같으니라고. 얼마나 사람들을 많이 살리려고 이러니? 아휴, 정말 요 축복받을 녀석이…."
막내는 위의 두 남매와 달리 체벌이 통하지 않았다. 그래서 나는 막내가 떼를 쓰거나 잘못을 하면 혼내고 싶은 마음을 누르고 오히려 축복의 말을 해주었다. 그러면 막내는 어리둥절해하다가 이내 기분이 좋아져서 떼쓰던 것을 철회하거나 잘못한 것을 뉘우쳤다.

나쁜 행동을 고치는 것보다 자존감을 세우는 것이 먼저다
아이들을 나무랄 때는 먼저 생각해야 할 것이 있다. 나쁜 행동을 고치는 것이 먼저냐, 아이들의 자존감이 먼저냐이다. 원래 아이들의 문제 행동은 단번에 고쳐지지 않는다. 반복되는 지적과 경고를 통해 점차 변화되는 시간이 필요하다. 그런데 부모가 기다리지 못하고 성급하게 '행동교정'에 우선을 두면 십중팔구 아이들은 상처를 받는다. 그러므로 나무랄 때는 아이의 자존감을 먼저 생각해야 한다. 특히 사람들이 있는 데서 혼내는 건 삼가야 한다. 다른 사람들이 지켜보는 자리에서 꾸지람을 듣는 순간, 아이의 영혼엔 지워지지 않는 수치심이 자리 잡기 때문이다.

Chapter 4

빵점 엄마의 100점 교육법 3
공부를 즐기게 하라

하나님은 아이를 주님께 드리는 부모의 기도에 놀랍도록 응답하신다.
생각지도 못한 방향으로 대화를 풀어 주실 뿐 아니라 아이에게 자신이 미처
깨닫지 못한 재능을 알게 하신다. 주님께 지혜를 구하며 티 없이 자라는 아이를
기죽이지 않고 그 아이의 가능성을 확인시켜 주는 것이
부모가 해야 할 또 다른 역할이다.

공부도 예배처럼! 학교 가기 싫으면 밥도 먹지 마라!

우리 집 아이들이 절대 해서는 안 되는 두 가지가 있었다. 바로 예배와 학교에 빠지지 않는 일이었다. 어떤 일이 있어도 이 두 가지에 대해서만큼은 예외를 두지 않았다. 아이들도 엄마가 한 번 정한 일은 절대 바꾸지 않는다는 것을 알기 때문에 학교에 가지 않겠다는 말은 하지 않았다. 하지만 어쩌다 그런 눈치가 보이면 나는 태연하게 이렇게 말했다.

"학교 가기 싫으면 나가서 똥장군이라도 해야 된다. 공부 안 하는 사람보다 똥장군이 더 훌륭하다. 하나님이 주신 머리를 쓰기 싫으면 힘쓰면서 살아야 되는데 똥장군을 해도 세 끼는 먹고 사니까 잘 생각해 보렴."

나는 의도적으로 공부를 게을리하면 똥장군을 해야 된다는 공포

감을 조성했다. 그랬는데 미국에 가서 보니까 똥장군이 없었다. 그러자 순진한 두 아이가 놀라서 "여긴 똥장군도 없어서 굶어 죽겠다"면서 공부를 열심히 했다. 그 모습이 너무 귀엽고 우스웠지만 교육 효과만큼은 확실했다. 공부도 특권이니까 열심히 하도록 가르쳤다.

"데살로니가전서에 보면 일하기 싫으면 먹지도 말라고 했는데 너희들의 직업이 뭐지? 학생이지? 학생은 뭐 하는 사람이니? 공부하는 사람이지. 그러니까 학생이 공부하기 싫으면 굶어야지."

농담처럼 하지만 나는 늘 분명하게 하나님의 말씀을 근거로 아이들을 설득했다. 그리고 성적을 잘 받아 오라고는 안 했지만 공부를 열심히 하는 것, 학교를 빠지지 않고 가는 것과 같은 원칙에서만큼은 절대 양보하지 않았다.

아이들이 공부에 재미를 붙이면서 읽고 싶어 하는 책이 많았지만 가정 형편은 늘 책 한 권 마음대로 사 볼 형편이 못 되었다. 그래서 아이들은 읽든 안 읽든 책이 많으면 부자라고 생각했다. 그런 면에서 아이들이 아는 가장 큰 부자는 아빠였다. 아빠의 서재에는 늘 책이 가득했고 그 책을 서로 물려받겠다고 입씨름하는 게 일상이었다.

그런데 우리 교회 집사님 중 한 분이 작은 서점을 하셨는데 새 책이 들어오기만 하면 우리 아이들을 불렀다. 그러면 아이들은 단숨에 달려가서 책방에 쪼그리고 앉아서는 집사님에게 너무나 고마워하면서 새 책을 조심조심 읽곤 했다.

집에서는 책을 읽으란 말은 거의 하지 않았다. 혹시라도 아이들이 책 읽는 것에 싫증을 낼까 봐 그냥 아이들에게 좋은 책을 눈에 잘 띄는 데 놔두는 게 전부였다. 그렇다 보니 집안 곳곳에 책이 있었다. 당시 우리 아이들은 장난감이나 오락을 즐길 형편이 못 되었기 때문에 집에 오면 으레 눈에 띄는 책을 읽었다. 책상도 없이 밥상을 책상 삼아서 읽거나 방바닥에 엎드려서 읽거나 했다. 한번 읽었다 하면 그 책을 다 읽어야 일어나곤 했다. 책이 귀하니까 책을 좋아하고 독서교육이 저절로 됐다.

학교 공부는 스스로 알아서!
점심은 굶어도 예배 도구인 음악교육은 필수

아이들이 초등학교를 들어가면서 학교 교육은 내게 새로운 과제와 같았다. 학교교육에 하나님의 말씀을 어떻게 적용할 것인가가 나의 고민거리였던 것이다.

물론 처음에는 나도 다른 어머니들처럼 할 수 있는 한 자녀에게 모든 걸 다 해주려고 노력했다. 그래서 큰아이를 키울 때는 직접 모든 과목을 가르쳤다. 숙제도 함께해 주고 학습지도 내가 거의 외우다시피하면서 아이 공부에 정성을 쏟았다. 그런데 어느 날 정신을 차려보니 친정엄마가 나한테 하신 대로 내가 아이를 가르치고 있었다! 아이는 내가 없으면 혼자 아무것도 하지 않으려 했다.

덜컥 겁이 났다. 그래서 딸과 막내아들을 키울 때는 모든 걸 스스로 하게 했다. 어린아이들이라 거들어주고 싶은 마음은 굴뚝같았지만 인내로 참았다. 내가 손을 대면 그 만큼 아이들은 앞으로 나가는 게 아니라 뒷걸음질친다. 어차피 세상에 나가면 부모 도움 없이 혼자 살아야 하니까 일찍부터 혼자 하는 법을 훈련하는 게 옳다고 생각했다. 그러나 마음이 앞서서 어느새 손을 대곤 하니 나를 다스리기가 힘들었다.

학교 공부는 스스로 하도록 하는 대신에 하나님의 말씀과 기도와 예배를 가르쳤다. 가슴속에는 뜨거운 하나님의 마음을 품되 삶은 검소하고 나누며 절제하는 습관을 어렸을 때부터 익히도록 했다. 덕분에 아이들은 15세 무렵부터는 학비며 용돈을 스스로 일해서 벌었고 자신의 장래에 대해서도 스스로 하나님께 기도하며 결정했다. 내가 한 것은 그저 옆에서 기도해 주는 것이 전부였다.

나는 늘 아이들에게 공부는 하나님이 어린아이들에게 주신 특권이라고 가르쳤다. 우리가 더 많은 것을 배워야 더 많은 영혼을 도울 수 있고 구원으로 인도할 수 있다고 가르쳤다. 그래서 학교를 다닐 때는 모든 것을 철저하게 혼자 하도록 가르쳤다. 독립심을 키워 주기 위해 설사 선생님께 매를 맞는다 해도 잊고 간 준비물을 가져다주지 않았다. 처음에는 아이들이 마치 하늘이 무너지기라도 하듯 펄펄 뛰었지만 나는 요지부동이었다.

"준비물을 잊어버렸으면 당연히 선생님께 혼이 나야지."

이 한마디로 아이들을 체념시켰다. 사실 아이들이 선생님께 야단맞을 생각을 하면 마음이 편치 않았다. 하지만 아이가 수업 준비를 소홀히 하면 선생님께 혼이 난다는 걸 깨닫는 게 더 중요했기에 두 눈 질끈 감고 꾹 참았다. 선생님께 매를 맞고 온 아이는 두 번 다시 준비물을 잊는 법이 없었다. 그러던 어느 날 딸이 준비물을 가져가지 않았다. 그날도 당연히 나는 모른 척했다.

"너 준비물 안 갖고 갔는데 어떻게 했니?"
"빌려 썼지. 친구도 안 갖고 올 때가 있으니까 서로 돕기로 했어."

'아, 이런 것도 있구나!' 나는 무릎을 쳤다. 만일 내가 갖다 줬더라면 이렇게 서로를 배려하며 돕는 융통성은 배우지 못했을 것이다. 내게 이 같은 지혜를 주신 하나님께 감사했다.
나는 아이들을 키울 때 돈이 없어서 점심 도시락을 거의 싸 준 적이 없다. 그런 형편에도 나는 피아노를 가르쳤다. 사람들은 그런 나를 이상하게 생각했다. 무슨 허영이냐며 걱정하는 사람도 많았다. 하지만 나는 무슨 스펙이나 사치로 가르친 게 아니었다.

믿는 사람에게 찬양은 예배 못지않게 중요하다. 그래서 아이들이 어렸을 때부터 무슨 일이 있어도 음악교육을 시켜야겠다고 생각했다. 그런데 다른 악기는 너무 비싸니까 피아노를 생각했다. 피아노는 모든 음악교육의 기초이고 세계 어딜 가도 있으니까 찬양할 수 있다고 생각한 것이다. 그래서 큰아들을 일곱 살 때 피아노 학원에 보냈다. 둘째인 딸도 유치원에서 피아노를 배우게 했고 뒤늦게 태어난 막내도 피아노를 가르쳤다. 그런데 하나님은 나의 그런 작은 헌신에 너무도 크게 응답해 주셨다. 어렸을 때 피아노를 배운 큰아들은 절대음감인 것이 뒤늦게 밝혀져서 텍사스에 있는 사우스웨스트 대학에서 종교음악을 공부한 뒤 음악목사가 됐다. 만일 피아노를 어렸을 때 가르치지 않았다면 하나님이 주신 음악적 재능도 사장됐을 것이다. 막내아들은 미국에서부터 찬양 인도자로 예배를 섬겼고, 하버드대학원에서 학생들을 가르치는 딸도 웬만한 찬송가는 직접 피아노로 반주하면서 노래할 수 있다.

10문제 중에 4개나 맞혔니?

아이들의 성적은 천차만별이었다. 언젠가 딸이 TV 프로그램에 나가서 밝힌 적도 있지만, 딸이 초등학교 때 40점을 받아 온 적이 있다. 큰아들은 대개 100점을 받아 왔는데, 둘째인 딸이 40점을 받아 오니 처음엔 기가 막혔다. '얘가 어디 모자란 게 아닌가' 싶어서 가슴이 철렁했다. 너무나 걱정되어 조용히 하나님 앞에 무릎을 꿇었다.

"아버지, 아이에게 어떻게 말해야 할까요? 제가 어떻게 말해야 딸아이가 공부에 대해서 흥미를 잃지 않고 자신감을 가질 수 있을까요?"

이렇게 기도하는데 하나님은 내게 아이의 기를 죽이면 안 된다는 마음을 주셨다. 그래서 무겁고 어두워졌던 내 표정을 고친 뒤 이렇게 말했다.

"10개 중에 4개나 맞았어? 정말 문제가 어려워 보이는데 잘했네? 다음에는 다섯 개 맞을 수 있지?"

속마음은 정반대였다. 걱정이 태산이고 기가 막혀서 속이 부글부

글 끓었다. 얼마나 공부를 안 하고 놀았으면 점수가 이것밖에 안 될까 해서 마음이 영 불편했다. 하지만 아이를 나무라면 다음 시험 볼 때 내 얼굴이 떠올라 시험에 집중하지 못할 것 같아서 꾹 참았다. 다음엔 꼭 다섯 개를 맞자고 약속하고 넘어갔다.

그랬더니 며칠 뒤 정말 기가 막힌 일이 일어났다. 딸아이는 나의 말을 사실로 믿고는 자기가 정말 잘했다고 생각한 것이다. 그런데 딸이 친구한테 이상한 말을 듣게 되었다.

"엄마, 어떤 애는 90점 받았는데 100점 못 받았다고 걔 엄마한테 엄청 매 맞았대."

순간 그 말을 하는 딸을 다시 보게 되었다. 정말 모자란 게 아닌가 하는 생각을 하면서. "사실대로 말하면 그 엄마 반응이 정상이다. 그게 틀릴 문제가 어디 있다고 너는 6개나 틀렸느냐"며 꾸짖고 싶었지만 꾹 참고 이렇게 말했다.

"그 엄마 참 이상하다. 그 엄마한테 시험을 보라고 해보고 싶네. 그렇게 어려운 걸 어떻게 백점을 맞아. 그 엄마가 아주 이상하구나. 우리 명화도 4개밖에 못 푼 걸 그 아이는 9개나 풀었잖니. 잘했다고 업어 주고 칭찬해 줘도 모자란데…. 안 그러니?"

그러자 아이는 더욱 신나했다. 10문제 중에 4개밖에 맞지 못한 딸은 자신이 '공부를 잘한다'는 믿음을 갖게 되었고, 성적이 점점 오르더니 오빠와 마치 경쟁이라도 하듯 1, 2등을 다투게 되었다. 이후 나는 딸에게 공부하는 맛에 대해 초콜릿을 예로 들어 설명했다.

"초콜릿 맛이 어때? 정말 맛있지? 공부라는 게 원래 이 초콜릿처럼 맛있는 거란다. 모르는 걸 하나씩 하나씩 알아 가는 그 재미는 아마도 초콜릿보다 더 맛있을걸?"

공부하는 것이 초콜릿보다 더 달콤하고 재미있다고 생각하는 딸이 세계적인 교육학자가 된 것은 어쩌면 너무나 자연스런 결과인지도 모른다. 아이가 공부를 재미있다고 생각할 수 있게 만드는 것, 거기까지가 부모의 역할이다. 그리고 내가 딸을 위해 해준 것이라곤 기도밖에 없다.

천지창조의 비밀로 아이를 가르쳐라

하나님은 천지를 창조하실 때, 어둠을 보고 어둡다고 하시지 않았다. 그저 빛이 있으라 하셨고 천지는 그 말씀으로 창조되었다. 마찬가지로 아이들을 가르칠 때도 아이의 잘못된 점을 보고 잘못되었다고 말하면 아이는 자신의 잘못을 기억하고 자존감을 잃게 된다. 그것은 하나님이 아이를 통해 창조하시려는 아름다운 영역을 뿌리째 뒤엎는 죄를 짓는 것이다. 한번은 이런 일이 있었다.

"엄마, 오늘 나 학교 다녀오는 길에 너무 너무 아름다운 걸 봤어요. 무슨 판자촌을 지나오는데 꽃이 있고 벌과 나비가 날아다니는 아름다운 동산을 지나서 왔어요."

어느 날 학교를 다녀온 딸이 한 말이었다. 그 말을 듣고 가만히 생각해 보니 그 길엔 쓰레기더미뿐이고 벌과 나비는 물론 꽃도 있을 리 만무했다. 틀림없이 허황된 거짓말이거나 다른 데와 착각하고 하는 말이었다.

아이들은 이렇게 거짓말할 때가 있다. 그런데 거짓말도 하면 늘고 사람들이 속는 것을 보며 쾌감에 빠지면 더 큰 거짓말을 하게 된다. 거짓말의 종류도 아주 다양한데 질이 나쁜 거짓말은 매를 때려서라도 고쳐야 한다. 하지만 딸의 거짓말은 죄라고 하기엔 좀 가볍고 그냥 넘어가자니 어쩐지 찜찜했다. 이럴 때 참 고민이 된다.

"너희 중에 누구든지 지혜가 부족하거든 모든 사람에게 후히 주시고 꾸짖지 아니하시는 하나님께 구하라 그리하면 주시리라"(약 1:5).

나는 아무리 사소한 것이라도 습관적으로 거짓말하는 것은 옳지 않다는 것을 가르치기로 결심하고 하나님께 지혜를 구한 뒤 아이를 불렀다. 이제 아이와 끝도 없는 실랑이를 해야 한다고 생각하면서 이런저런 말을 하다가 나도 모르게 이런 말이 튀어나왔다.

"그랬니? 그렇게 아름다운 데를 다녀왔어? 와, 우리 명화가 상상력이 참 풍부하구나."

마음에도 없는 말이었다. 실은 거짓말임을 뻔히 알기에 참는 데 한계를 느끼고 있었다. 내 입에서 아이를 다그치는 거친 말이 언제 나올지 모르는 상황이었다. '아하, 주님이 내게 지혜를 주시는구나' 생각하면서 아이를 보았다. 그런데 놀랍게도 아이가 이렇게 대답했다.

"저도 몰라요. 제가 왜 그런 생각을 했는지, 제가 정말 그런 곳을 다녀온 것 같아요."

"왜 그런 생각을 하긴… 작가들은 원래 상상력이 풍부해서 실제로는 일어나지 않은 일을 일어난 것처럼 쓰거든. 야! 우리 명화가 굉장한 작가가 되겠는데?"

딸 명화는 그날 내가 해준 말 때문에 자신이 정말 상상력이 풍부해서 탁월한 작가가 될 거라고 생각했다고 한다. 실제로 명화는 책 읽는 재미밖에 모르더니 이후 글쓰기에 흥미를 느끼기 시작했다.

지금 생각해 봐도 그런 말을 하게 해주신 하나님의 은혜가 얼마나 감사한지 모른다. 아이들을 키우면서 이런 순간들이 참 많았다. 사소한 문제라도 하나님 앞에 먼저 기도를 드리고 아이들과 대화를 시작하면 심각하게 보이던 문제들이 뜻밖의 성장으로 연결되곤 했다. 만일 이때 기도하지 않고 대화를 시작했다면 "어디서 말도 안 되는 거짓말을 하느냐!"고 아이를 다그쳤을 것이다. 그랬다면 하나님이 주신 가능성을 엄마인 내가 짓밟은 것이다.

이처럼 하나님은 아이를 주님께 드리는 부모의 기도에 놀랍도록 응답하신다. 생각지도 못한 방향으로 대화를 풀어 주실 뿐 아니라 아이에게 자신이 미처 깨닫지 못한 재능을 알게 하신다.

주님께 지혜를 구하며 티 없이 자라는 아이를 기죽이지 않고 그 아이의 가능성을 확인시켜 주는 것이 부모가 해야 할 또 다른 역할이다.

빵점 엄마의 맡기는 교육 4 - 공부를 즐기게 하라

공부는 하나님이 어린아이들에게 주신 특권
우리 아이들은 학교와 예배에 빼먹어선 안 되었다. 이것만큼은 어떤 예외도 용납하지 않았다. 나는 학교에서 공부하는 것은 하나님이 아이들에게 주신 특권이므로 공부를 열심히 하고 학교를 빼먹지 않아야 한다고 가르쳤다. 성적을 잘 받아 오라고 하지는 않았지만, '일하기 싫으면 먹지도 말라'고 한 성경 말씀처럼 공부하기 싫으면 밥 먹을 자격이 없다고 가르쳤다.

하나님을 찬양하기 위해 음악을 가르쳐라
나는 너무 가난해서 아이들의 도시락도 변변히 싸 주지 못했지만 하나님의 자녀는 언제 어디서든 찬양해야 하기 때문에 피아노만큼은 가르치려 했다. 덕분에 큰아들은 절대음감인 것이 뒤늦게 밝혀져 종교음악을 공부한 뒤 음악 목사가 되었고, 막내아들은 찬양 인도자로 섬기고 있다.

엄마가 심는 긍정의 힘
둘째가 초등학생 때 40점을 맞은 시험지를 가져왔다. 순간 가슴이 철렁했으나 하나님께 기도하자 아이의 기를 죽이지 말라는 마음을 주셔서 "10개 중 4개나 맞혔어? 문제가 정말 어려워 보이네. 다음엔 5개 맞을 수 있지?" 하고 말했다. 그러자 둘째는 신이 나서 자신이 '공부 잘한다'고 믿게 되었고, 이후 공부의 맛을 알아서 성적이 점점 올랐다. 그 둘째가 지금은 하버드대학원의 교수가 되어 지금까지 공부하는 것을 재미로 여기고 있다.

아이의 상상력을 존중해 주라
어느 날 둘째가 학교에서 돌아와서 "엄마, 꽃이 있고 벌과 나비가 날아다니는 아름다운 동산을 지나서 왔어요" 하기에 나는 "그렇게 아름다운 데를 다녀왔어? 와, 우리 딸이 상상력이 풍부하구나" 했다. 둘째가 말한 그 길은 사실 쓰레기더미만 쌓인 길이었다. 그런데 나는 아이의 말을 거짓말로 단죄하고 야단치기보다 그 상상력을 존중하기로 결정했다. 그러자 둘째는 자신이 정말 상상력이 풍부하다고 여겼고, 한때 탁월한 작가를 꿈꾸었다.

Chapter 5

빵점 엄마의 인생 전환기
삶이 곧 신앙이다

우리는 기도 시간을 따로 갖고 죽어라 기도하는 것이 일반적인데,
그들은 문화 자체가 기독교 문화여서인지 숨 쉬는 모든 순간이 신앙생활이었다.
발걸음을 떼도 믿음이고, 잠을 자도 믿음이었다.
우리처럼 굳이 기도하지 않아도 아름다운 신앙을 삶으로 실천해 냈다.

영의 자녀들을 위한 남편의 미국 유학은
세 자녀를 위한 기도의 응답

어린양 예수님을 따라가는 인생에는 반드시 반전의 순간이 있다. 내 삶에 대해, 나의 고통에 대해, 나의 눈물에 대해 오래도록 침묵하시던 주님이 어느 날 갑자기 전혀 예상치 못한 사건과 함께 다가와 나의 삶을 완전히 180도 바꿔 놓는 순간이 있는 것이다. 1983년 우리 가족에게도 그런 순간이 찾아왔다.

한국성서침례교단은 다른 교파에 비해 역사가 짧아서 1980년대까지만 해도 성도들을 위한 커리큘럼이 매우 빈약했다. 그런 까닭에 성도들을 가르치기 위해서는 내가 먼저 다른 교파의 성경 교재를 사다가 공부해서 소화한 다음 가르쳐야 했다.

그런데 신앙이 전혀 없는 사람들을 전도해 교회에 데려와 성도로서 훈련을 시켜 놓으면 주변의 큰 교회로 가는 경우가 많았다. 신앙적인 성숙을 위해서 떠나는 성도들의 심정을 모르는 바는 아니지만 그래도 섭섭했다. 그런 일이 잦아지자 남편은 자신이 좀 더 공부해서 성도들이 원하는 풍성한 영의 양식을 공급할 필요를 느꼈다. 그래서 막연히 하나님께 공부할 기회를 달라고 기도하기 시작했다.

그즈음 나에게도 간절한 기도 제목이 하나 있었다. 나는 아이들이 어렸을 때부터 어린 딸은 등에 업고 큰아들은 손을 잡고 다니면서 길거리 전도를 했다. 그런데 이름도 없는 작은 개척교회로 잃어버린 양을 이끌어 오기란 하늘의 별따기만큼이나 어려웠다. 몇 날 며칠 단 한 사람도 전도하지 못하고 집으로 돌아온 어느 날, 나는 눈물을 흘리면서 기도했다.

"아버지, 이렇게 전도하기 힘든데, 내가 유명한 사람이었으면, 세계적인 인물이었으면 사람들을 주님께로 인도하기가 쉬울 텐데요.

아버지, 우리 아이들은 세계적인 크리스천 리더가 되어서 어딜 가나 아버지를 강력하게 전했으면 좋겠습니다. 아버지께 영광 돌릴 수 있는 세계적인 인물로 세워 주시고 영어를 자국민처럼 잘하게 해주세요. 그리고 돈이 없어도 배우기를 원하면 아버지가 스폰서가 되어 주세요."

이것이 나의 기도 제목 세 가지였다. 첫째 우리 아이들이 세계적인 크리스천 리더가 되기를, 둘째 영어를 자국민처럼 잘하기를, 셋째 배우기를 원하면 하나님이 스폰서가 되어 주기를 기도한 것이다. 길거리 전도를 해본 사람은 나의 기도가 얼마나 절실한 것인지 공감할 것이다. 요즘 같은 글로벌 시대에는 정말 하나님의 영광을 위해서 언어도 다양하게 할 줄 알아야 한다는 게 길거리 전도를 하면서 내가 느낀 것이다. 방언의 은사도 주시는 주님께 세상의 언어에 특별한 은사를 달라고 기도했다. 그리고 나처럼 힘들게 전도하지 않도록 우리 아이들을 세계적으로 신임받는 사람이 되게 해달라고 기도했다. 그런데 그즈음 남편이 유학길을 알아보기 시작하더니 시카고에 계신 형님으로부터 초청장을 보내 주겠다는 연락이 왔다. 그렇게 꿈도 꿔 보지 못한 미국 유학길이 열린 것이다.

그런데 그즈음 우리는 교회 건축을 끝내고 은행 빚도 다 갚은 상태였다. 교회도 어느 정도 부흥해서 어른만 150명 정도 모였다. 아마 그때 열심히 전도하고 성도들을 양육했으면 교회가 크게 성장했을지도 모른다. 그런데 난데없이 미국 유학을 가겠다고 하자 성도들이나 동료 목회자들이 극구 말렸다. 그러나 남편은 어느 사역자에게 교회를 맡기고 미국행을 결정했다.

이윽고 1983년 5월 20일 미국으로 떠나는 날, 성도들은 공항까지 따라 나와서 마치 친부모와 헤어지는 것처럼 슬퍼했다. 우리 교회 성도들은 전혀 믿음이 없었다가 전도받고 교회에 나와 신앙생활을 하던 사람들이다. 그런 까닭에 우리에겐 친자식이요 가족 같은 사람들이었다. 우리는 공부를 마치면 반드시 돌아오겠다는 약속을 하고 비행기에 올랐다.

하지만 그때만 해도 남편의 유학길이 나의 기도에 대한 하나님의 응답이라고 생각하지 못했다. 하나님이 이 무지한 엄마의 기도를 그렇게도 놀랍고 풍성하게 응답하셨다는 것을 안 것은 그로부터 4년 후 한국으로 돌아온 뒤였다.

린치버그에서 만난 아름다운 사람들
그들에게서 참 믿음의 삶을 배우다

미국은 모든 것이 풍성해 보였다. 교회가 텅 비어 있는 것이 안타까웠지만 믿음 있는 분들의 삶은 한없이 아름다웠다. 사람들은 한국에서 온 목회자 가족을 신기해하면서 앞다투어 도와주었고 그 덕분에 낯선 문화와 환경에서도 조금씩 정착해 갔다.

당시 성서침례교회가 한국에서 교회를 개척하고 사역한다는 것은 아프리카에서 선교하는 것과 같았다. 60년 전에 성서침례교회 선교사들은 순교를 각오하고 한국에 왔다. 그런데 그분들은 우리처럼 따로 시간을 내어 기도하지 않았다. 그때 그때 기도하고 그러면 곧바로 응답되었다. 모든 말과 행동이 기도와 일치하는 삶을 살았던 것이다. 그런데 우리는 미국에 가서 그런 신앙이 특별한 사람에게만 가능한 게 아니란 걸 알았다. 우리는 기도 시간을 따로 갖고 죽어라 기도하는 것이 일반적인데, 그들은 문화 자체가 기독교 문화여서인지 숨 쉬는 모든 순간이 신앙생활이었다. 발걸음을 떼도 믿음이고, 잠을 자도 믿음이었다. 우리처럼 굳이 기도하지 않아도 아름다운 신앙을 삶으로 실천해 냈다.

내가 일하던 엘머 타운즈 목사님의 비서실 사람들은 나에게 거의 일을 시키지 않았다. 그때 나는 김창엽 목사님의 일을 돕고 있었는데 언어 문제 때문에 할 수 있는 일들도 많지 않았다. 하지만 목회자 부인이라고 얼마나 배려해 주는지 "미세스 킴은 여기 앉아만 있어도 저희에게 큰 복입니다"라고 말하곤 했다. 정말 천사를 대접하듯 우리를 대접했다. 그리고 늘 세심하게 우리 형편에 관심을 가지고 도와주려 애썼다.

대학 안에는 작은 예배실이 있었다. 24시간 열려 있어서 언제든지 기도할 수 있는 곳이었다. 나는 그 예배실을 보고 너무 기뻤다. 한국에서는 성도들을 돌보는 시간 외에는 언제나 기도하고 말씀 보는 게 나의 일과였는데 미국에 와서 하루 종일 일하다 보니 집중해서 기도하기가 쉽지 않았다. 그러다 점심시간을 이용해 예배실에서 기도하기로 마음먹었다. 그 시간은 빡빡하게 돌아가는 내 일상에서 지친 나의 영을 씻고 하나님과 마주하는 귀중한 시간이었다. 언제나 예배실에 앉으면 눈물이 났다. 이 먼 땅 미국에 왔다는 사실이 그때까지만 해도 실감 나지 않았다. 그런 중에 내 인생을 향한 하나님의 거대한 쓰나미가 다가옴을 느꼈고, 그래서 늘 두렵고 떨리는 마음으로 하나님 앞에 앉았다.

그러던 어느 날 같이 일하던 분들이 우리 집에 놀러 가고 싶다고 했다. 갑작스런 제안이라 당혹스럽긴 했지만, 우리가 먹는 대로 대접하자는 마음으로 그러자고 했다. 그런데 나중에 보니 사람들이 각자 음식을 싸 가지고 와서 두고 가는 게 아닌가. 그들은 내가 점심시간마다 예배실에 가서 울며 기도하니까 먹을 게 없어서 그런다고 생각한 것이다. 어처구니없었지만 나그네를 섬세하게 배려하는 그들의 따뜻한 마음에 가슴이 뭉클해졌다.

그런가 하면 같은 사무실에 있던 린(Lynn) 자매님은 우리 가족을 추수감사절 파티에 초대했다. 사실 우리는 미국에 가서 음식을 푸짐하게 먹은 적이 없기 때문에 내심 기대가 컸다. 미국 사람들이 여는 파티이니 얼마나 먹을 게 풍성할까 생각한 것이다. 그래서 빈손으로 가기는 뭣 해서 있는 돈을 최대한 할애해서 아이스크림을 사 갔다.

우리를 초대한 린 자매님의 집은 부잣집답게 크고 멋있었다. 거기까지는 우리의 예상이 맞았다. 그런데 막상 집 안으로 들어간 우리는 예상 밖의 풍경에 너무도 놀라고 말았다. 나는 그날의 충격을 잊지 못하고 우리도 그렇게 살아야겠다고 결심했다.

린은 중년의 크리스천이었는데 린이 입은 블라우스는 우리나라에서 흔히 보는 보자기나 다름없는 천으로 만든 것이었다. 우리나라에서도, 그리고 아무리 가난해도 그런 천으로 만든 블라우스는 입지 않는다. 물론 나 역시 누가 공짜로 줘도 그런 천으로 된 옷은 부끄러워 입지 않았을 것이다.

그런데 린은 아무렇지도 않은 듯 그 보자기천으로 된 블라우스를 입고 손님을 접대하고 있었다. 나는 혹시라도 옷이 없다고 하면 하나 줄 생각으로 "이 옷을 좋아하시나 봐요" 하고 물었다. 그러자 린은 남편이 이 옷 입는 걸 좋아해서 자주 입는다고 했다. 나는 남편이 아무리 원해도 내 마음에 들지 않으면 절대 입지 않았다. 그런데 린은 그렇게 돈이 많은 부자이면서도 단지 남편이 좋아한다는 이유로 그 허름한 블라우스를 파티에서 입은 것이다. 나는 그때 하나님의 말씀대로 남편 말에 순종하는 그녀의 모습을 보고 저절로 감탄이 나왔다.

그뿐 아니라 마룻바닥에는 흔한 카펫도 없었다. 으레 있을 법한 화려한 장식품도 없었다. 물론 파티 음식이 푸짐할 것이란 우리의 예상도 완전히 빗나갔다. 칠면조 한 마리와 고구마 요리, 녹두콩 요리가 전부였다. 그리고 우리가 사 간 엄청 비싼 아이스크림을 후식으로 먹고 커피를 마셨다. 우리나라로 치면 평소 먹는 상에 몇 가지 반찬을 더했다고 해야 할까. 오랜 신앙의 전통을 가진 이들의 검소함을 보고 우리는 너무나 놀랐고 또 감동했다.

한 가지 특이한 것은 식탁 옆에 걸린 커다란 세계 지도와 선교사들의 사진이었는데 이 집의 가족은 식사를 하기 전에 선교사들을 위해 기도한다고 했다. 그리고 매월 10~50불씩 선교헌금을 보내는데다 매년 크리스마스가 되면 한 분을 선택해서 특별 선교헌금을 보낸다고 했다. 그 집 사람들은 참 신앙이 무엇인지 몸소 보여 주고 있었다. 우리 부부는 비싼 아이스크림을 사 간 것을 후회하며 함께 모인 사람들에게 한없는 감동을 받고 있었다. 그런데 다음 순간, 정말 깜짝 놀랄 만한 일이 일어났다.

크리스마스 때면 선교헌금을 보내는 선교사를 올해는 일찌감치 정했다면서 바로 우리가 그 선교사 가족이라는 것이었다! 외국에서 왔으니까 우리에게는 너희가 선교사라면서 그 자리에서 선교헌금을 주었다.

그뿐이 아니었다. 나그네를 섬기는 그들의 태도는 그야말로 삶 그 자체였다. 린은 밭에 콩과 감자를 심고 그것을 키워서 좋은 것을 먼저 골라 우리에게 주었다. 그 집 애들이 우리 애들보다 한 살씩 더 많았는데, 계절이 바뀔 때마다 옷을 깨끗이 빨아 손질해서 가져다주었다. 교회에선 성도들이 안 쓰는 물건을 교회로 가져오게 했다. 우리는 그중에서 필요한 것을 마음껏 가져다 쓸 수 있었다. 머리가 하얀 할머니들이 교회에 와서 봉사를 하고 파티는 늘 한두 접시의 요리를 나눠 먹는게 전부였다. 그렇게 남편은 대학원에서 영의 양식을 배우고 나는 영의 양식을 먹은 자가 어떻게 살아야 하는지를 그들을 통해서 몸으로 익혔다.

콩글리시로 미국에서 거리전도 하다

남편은 미국 버지니아 주 린치버그에 있는 리버티 대학 신학대학원에 입학했다. 우리는 근처에 있는 아파트에 살게 되었다. 그런데 당시만 해도 린치버그에는 한국 사람이라곤 여덟 가정이 전부였다. 그러니 마흔 넘어 미국에 간 나로선 그야말로 문화 충격이었다.

나는 대학원의 한 목사님 비서실에서 일을 하다 Old Time Gospel 이란 회사로 옮겨 일을 하게 되었는데 동양인이라곤 나밖에 없었다. 눈에 보이는 사람들이 모두 피부 색깔, 머리 색깔은 물론, 하다못해 눈동자 색깔도 총천연색으로 제각각이었다. 그런 사람들과 같이 살다 보니 종종 내가 동양인이라는 사실을 잊어버려서 가끔 화장실에서 내 얼굴을 보고는 깜짝 놀랐다. 아참, 내가 동양인이었지 하고 멋쩍게 웃으면서. 키는 짤따랗고 머리와 눈썹은 검고 얼굴색은 노르스름한 내 모습은 그들의 화려한 외모와 비교하면 너무나 초라했다.

게다가 나이는 어느덧 마흔, 그 나이에 영어를 배우자니 죽을 맛이었다. 일이 있을 때마다 유학생들을 불러대는 것도 하루이틀이지, 정말이지 이대로는 살 수 없을 것 같았다. 하루가 일주일 같은 나날을 보내다가 하루는 기도했다.

"아버지, 저 영어 좀 잘하게 해주세요."

기도하고 났더니 왠지 용기가 생겼다. 미국인 동료들이 영어로 무슨 말을 하면 스펠링을 써달라고 하든지 아니면 그 단어를 기억했다가 집에 와서 비슷한 소리의 단어를 찾곤 했다. 하지만 하루 종일 쏟아지는 단어들을 그런 식으로 일일이 찾아서 공부한다는 건 마치 자동차와 코끼리가 경주하는 것과 같았다. 갈수록 영어가 더 쉬워지는 아이들과도 대화가 줄어들었다. 아이들에게는 한국어를 가르치기 위해 한국어 성경을 쓰게 하고 읽게 하면서도 되려 나 자신은 영어를 못한다는 수치심, 부끄러움에 사로잡혔다. 아무리 생각해 봐도 이 전쟁은 도무지 승부가 나지 않을 것 같았다. 그래서 이번에는 더 절실하게 기도하며 매달렸다.

"아버지, 저 영어 좀 빨리 배우게 해주시면 안 되나요? 제가 영어를 잘해야 남편과 아이들의 학비도 대고, 생활비도 마련할 수 있는데 영어를 못하니까 정말 주눅이 들어서 못 살겠습니다."

그러자 이런 목소리가 들리는 듯했다.

"넌 한국인이잖아. 한국 사람이 한국말 잘하면 됐지. 한국 사람이 미국말 못하는 거 가지고 왜 그렇게 주눅이 들어서 그러니?"

처음엔 기가 막혔다. 그런데 생각해 보니 정말 그랬다. 나는 한국 사람이니 미국말 못하는 것은 당연했다. 더구나 나이 들어 미국에 온 한국 주부가 영어를 하면 얼마나 잘하랴. 문제는 내 마음가짐이었다. 미국 사람들도 서툴지만 영어로 열심히 소통하려는 사람들에게 더 친절했다. 영어를 너무 잘하는 사람은 오히려 경계하는 면도 없지 않았다.

생각이 여기에 미치자 영어를 못한다는 수치심이 사라졌다. 그리고 두둑한 배짱이 생겼다. 미국 사람과 말할 때도 브로큰 잉글리시든 콩글리시든 자신 있게 말했다. 겨우 단어 몇 개로 소통하면서도 나는 늘 당당했다. 아이들과 말할 때도 한국말에 영어 단어 몇 개 양념으로 섞든 브로큰 잉글리시든 말도 안 되는 영어를 했다. 그러면 아이들은 외계인 같은 나의 영어에 까르르 웃느라 바빴다.

그러던 어느 날, 기적이 일어났다. 나는 직장을 오가는 길이나 틈이 날 때마다 거리에 나가서 전도를 했다. 여전히 콩글리시로 했다. 당시 나는 성경에 있는 영어조차 제대로 이해하지 못했다. 그렇다 보니 나의 전도 방식은 지극히 원시적이었다. 지나가는 사람 아무나 붙잡고 영어성경을 내밀었다. 그게 전부였다.

그런데 그날 성령님이 역사하셔서 어느 사람이 말씀을 읽다가 눈물을 흘리더니 내가 하는 말을 따라 예수님을 영접하는 것이었다! 그야말로 콩글리시의 승리, 하나님 아버지의 승리였다. 나는 기뻐서 어쩔 줄을 몰랐다. 말이 통하지 않아도 내가 영혼을 구제하겠다고 거리에 나서기만 하면 그다음은 하나님이 하신다는 것을 알게 된 사건이었다.

"아버지, 콩글리시하게 해주셔서 감사합니다. 내가 영어를 유창하게 했더라면 이런 큰 기쁨을 맛보지 못했을 테니까요."

한편, 아이들은 아이들대로 학교에서 전쟁을 치르고 있었다. 전혀 말이 통하지 않는 학교에서 수업을 들어야 하니 아이들로서는 엄청난 도전이요 모험이었다. 당시 나의 현실은 집안 살림에 아이들을 돌보고 돈까지 벌어야 하는 힘에 부치는 상황이었지만 다른 어떤 일보다 나는 두 아이의 엄마였다. 나는 엄마로서 나의 역할에 더 집중했다.

빵점 엄마의 맡기는 교육 5 – 삶이 곧 신앙이다

아이의 비전을 위해 기도하라

나는 아이들이 어렸을 때부터 세 가지 기도 제목을 가지고 기도했다. 첫째, 우리 아이들이 세계적인 크리스천 리더가 되기를, 둘째, 영어를 자국민처럼 잘하기를, 셋째, 배우기를 원하면 하나님이 스폰서가 되어 주기를 기도한 것이다. 그런데 이 기도는 남편이 유학길에 오르면서 응답되기 시작했다.

삶이 곧 신앙이 되게 하라

미국에서 만난 린과 그 가족은 내게 크리스천의 삶이 어때야 하는지를 가르쳐 준 고마운 사람들이다. 린과 그 가족은 부자인데도 언제나 검소했고 식탁 벽에 후원이 필요한 선교사들의 사진을 걸어 두고 늘 기도했으며 물질로도 후원했다. 우리 가족도 이들의 후원을 받았다. 나그네를 세심하게 대접하는 그들의 아름다운 신앙에 나는 감동했고 큰 도전을 받았다. 삶이 곧 신앙이 되어야 하는 이유를 그들의 삶에서 찾은 것이다.

Chapter 6

빵점 엄마의 100점 교육법 4
하나님이 키우신다

"아버지, 아버지가 내게 주신 세 아이를 주님께 다시 올려 드립니다.
이 아이들에게 생명의 소중함, 영혼의 소중함을 깨우쳐 주셔서 감사합니다.
한 죄인이 주님께 돌이키는 게 이렇게 힘든데 지구의 온 영혼을
한 사람도 잃지 않으려고 오늘도 죄인들에게 다가오시는 주님,
제 아이들이 주님의 그 일을 함께할 수 있게 해주십시오.
큰 무리의 영혼을 주님께로 돌이키는 사람들이 되게 해주십시오."

두드리라 그러면 열릴 것이요!
빈손으로 미국 명문 미션스쿨 보내기!

우리 속담에 떡 본 김에 제사 지낸다는 말이 있다. 미국에 오지 않았을 땐 몰랐지만 이왕 미국에 왔으니 아이들을 최고의 크리스천 학교에 보내야겠다는 야무진 결심을 했다. 아름다운 미국인 크리스천들도 나에게 큰 영향을 주었다. 우리 아이들만큼은 저 린치버그 사람들의 아름다운 믿음의 전통을 배워서 돌아가게 하고 싶었다. 그래서 선택한 학교가 리버티 대학 부설 중고등학교였다.

그런데 알아보니 학비가 한 명당 100불이나 됐다. 요즘으로 말하면 1년에 거의 300만 원이나 되는 돈이다. 내 형편에는 꿈도 꿀 수 없는 돈이었다. 하지만 나는 아이들을 꼭 그 학교에 보내고 싶어서 기도한 뒤 통역해 줄 유학생과 함께 학교를 찾아갔다. 그리고 사정을 말했다. '남편은 대학원에서 공부하고 있어서 돈이 없다, 하지만 나는 아이들을 이 학교에 꼭 보내고 싶다, 그러니 장학금을 줘서 아이들이 이 학교에 다니게 해달라'고 부탁했다.

동행한 유학생은 믿음이 없는 학생이었는데 가득 쌓인 지원서를 보고는 아무래도 어려울 것 같으니 떨어지더라도 너무 실망하지 말라고 나를 위로했다. 하지만 나는 "무슨 소리! 두고 봐. 하나님이 어떻게 하시는지" 하고 큰소리 치고는 그 학생을 위한 기도까지 더해서 간절히 기도했다.

"아버지가 이 아이들을 책임져 주세요. 이 아이들은 아버지 자녀 잖아요. 저한테 아이들만 맡기시고 돈은 안 주셨으니까 아이들 학비는 아버지께서 해결해 주세요. 그래서 저 믿음 없는 청년이 하나님이 하나님의 종에게 어떻게 공급하시는지를 보고 하나님이 살아 계심을 알게 해주세요."

그런데 아무리 기다려도 소식이 없었다. 그러자 그 유학생은 그것 보라며 나를 위로했다. 하지만 나는 그럴 리 없다며 그 학생을 데리고 다시 학교로 갔다. 우리 아이들은 둘째 치고 이 청년을 봐서라도 하나님이 이 일을 충분히 하시고도 남을 것이므로 이대로 포기할 수 없었다. 그런데 학교에 갔더니 되려 학교 사람들이 더 놀랐다. 그다음 날로 아이들을 받아 주기로 결정해서 편지를 보냈다는 것이다. 그러자 그 유학생이 얼마나 놀라던지 나는 아이들이 합격한 것만큼이나 그 학생이 하나님의 일하심을 경험한 것이 더욱 기뻤다. 영혼 구원을 위해 우리가 선포한 것들을 주님은 가장 빨리 확실하게 들어주신다는 사실을 미국에서도 체험한 것이다. 그렇게 우리 아이들은 간절히 원하던 명문 크리스천 스쿨에 다닐 수 있게 됐다.

큰아들의 좌충우돌 유학 생활
하나님식으로 스트레스 풀다 천재성이 드러나다

장난기 심하고 자유분방한 성격의 큰아들은 미국 학교에 적응하는 데 우여곡절이 많았다. 이상하게 생긴 동양 아이에다가 말까지 못하다 보니 아이들 사이에서 바보 취급을 당하기 일쑤였다. 매일 울면서 한국으로 돌아가자고 졸랐다. 그러던 어느 날, 학교에서 큰아들이 흑인 아이를 때렸다는 연락이 와서 달려갔다. 그리고 "우리 아이가 그럴 애가 아닌데 틀림없이 말을 못해서 그런 일이 일어났을 테니 한 번만 봐 달라"고 사정했다. 집으로 돌아와서는 큰아이를 타일렀다.

"하나님의 자녀는 화가 난다고 해서 사람을 때리면 안 된다. 하나님은 선으로 악을 이기라고 했다. 아이들이 놀려도 넌 그 애들과 똑같은 방법으로 하지 말고 기도하면서 다른 방법으로 화를 푸는 게 어떨까."

말은 그렇게 했지만 걱정이 이만저만이 아니었다. 넘쳐 나는 에너지를 발산할 수가 없으니 내가 생각해도 답답한 일이었다. 하지만 학교생활을 대신해 줄 수도 없으니 뒤에서 조용히 기도하는 수밖에 없었다. 큰아이는 늘 어두운 표정으로 학교에 갔지만 이후 조용히 위기를 넘기는 듯했다.

이제 적응을 하는가 보다 하고 안심을 하려던 즈음에 학교에서 다시 연락이 왔다. 나는 철렁 가슴이 내려앉아서 마음을 단단히 먹고 학교로 달려갔다. 그런데 선생님은 나를 보자마자 "원더풀! 원더풀!" 하는 것이 아닌가. 영문을 몰라 어리둥절해 있는데 선생님은 내 손을 붙잡으며 이렇게 말했다.

"우리 학교에 이런 재능 있는 자녀를 보내 줘서 너무 고맙습니다."

이유인즉슨 이랬다. 큰애는 지난번 사건이 있은 뒤 나름대로 화를 다스릴 방법을 찾았는데 그게 점심시간마다 강당에 있는 피아노를 치는 것이었다. 화가 풀릴 때까지 그야말로 신들린 듯이 피아노를 쳐댔다. 그렇게 며칠을 피아노가 부서져라 쳐댔더니 학교가 발칵 뒤집혔다.

"아들이 피아노에 천재적인 재능이 있다는 걸 왜 진작에 말하지 않았습니까?"

선생님은 큰애가 어떤 멜로디도 한 번 들으면 피아노로 쳐 내는 절대음감의 소유자라고 말했다. 큰애가 피아노에 천재적인 재능이 있다니, 남편이나 나는 금시초문이었다. 선생님은 계속해서 "원더풀!"을 외치며 웃음을 멈추지 못했다.

큰애가 어렸을 때부터 피아노 치는 걸 무척 좋아했지만 돈이 없는 상황이어서 혹시 나중에 피아노를 전공하고 싶다고 말하면 어쩌나 해서 내심 걱정했었다. 그래서 내가 그냥 공부나 열심히 하라고 하자 아이도 가정 형편을 아는지라 더 이상 고집 부리지 못하고 포기했었다. 그런데 하나님은 미련한 엄마가 아이의 재능을 썩히고 있으니까 전혀 생각지도 못한 방법으로 아이의 재능을 세상에 드러내셨다. 나는 그날 큰애한테 너무 미안해서 많이 울었다.

한편으로는 악을 악으로 갚지 말라는 엄마의 말을 귀담아듣고 방법을 찾아낸 큰애가 너무 기특했다. 무엇보다 하나님의 말씀대로 살고자 한 큰애의 선택을 귀히 여기고 축복해 주신 하나님께 너무 감사했다. 만일 아이가 넘치는 혈기와 분노를 참지 못해 아이들과 계속 싸웠다면, 그래서 강당의 피아노에 앉지 않았다면 아이의 재능은 더 늦게 발견되었을 것이다. 그랬다면 그때는 이미 천부적인 재능을 키우기에는 너무 늦었을지도 모른다. 하나님은 가장 적절한 때에 하나님이 기뻐하시는 선택을 한 아이에게 빠르고도 분명한 응답을 해주신 것이다!

이후 큰애는 학교의 자랑거리가 됐다. 큰애를 놀리던 아이들도, 특별히 관심을 기울이지 않던 선생님들도 한국에서 온 피아노 신동이 학교에 잘 적응할 수 있도록 모든 배려를 아끼지 않았다. 영어만 잘하면 굉장한 미래가 기다리고 있다고 격려해 주자 큰애는 성적도 올라가고 학교생활도 재미있어 했다.

한국인으로 태어나게 하신 데는 이유가 있다!
빵점 엄마의 치열한 모국어 수업

딸인 김명화 박사가 2012년에 한국에 와서 방송 출연을 했을 때 일이다. 〈아침마당〉이라는 장수 프로그램에 출연한다고 해서 내심 걱정이 많았다. 한국말로 대담을 할 수 있을 만큼 한국어가 능숙하지 않았기 때문이다. 내가 아는 한 딸은 그런 실력이 못 되었다.

그런데 딸은 방송에서 미국에서 자란 사람 같지 않게 한국말을 찬찬히 잘했다. 그런 딸의 모습이 어찌나 감사하던지 눈물이 났다. 미국에서 아이들한테 한국어 공부를 시키느라 마음고생을 꽤 했는데 마치 하나님이 내게 "수고했다"고 말씀하시는 것 같았다.

우리 가족이 미국에 갔을 때는 큰아들이 5학년, 딸이 3학년이었다. 큰아들은 학교를 다닌 지 1년이 넘도록 영어가 입에 붙지 않아서 무척 애를 먹었다. 미국인들이 말을 시킬까 봐 슬슬 피해 다닐 정도였다. 그런데 3학년짜리 딸은 영어를 빨리 배웠다. 나중에는 영어가 더 자연스러워서 한국말을 더듬을 정도였다.

그런 아이들을 지켜보면서 영어를 잘하는 것도 좋지만 아이들이 한국 사람으로 태어나게 하신 데는 다 이유가 있을 텐데 과연 모국어를 잊어버려도 괜찮은 것일까 생각했다. 하지만 당시 우리 형편은 미국에서 모국어 교육을 시킬 만한 형편이 되지 못했다. 하루 세 끼 먹고 사는 것도 주님의 도움 없이는 어려운 형편에 미국에서 한국어 교육을 시키는 건 사치였다. 직장생활에 틈틈이 아르바이트까지 하느라 나도 지쳐 있었지만 아이들도 매일 숙제하느라 잠이 부족했다. 그런 아이들에게 당장 필요하지도 않은 한글 공부를 하자고 하면 잘 따라와 줄 것 같지 않았다.

무엇보다 당시 미국에서 한국어를 한다는 건 정말 부질없는 일처럼 보였다. 미국처럼 큰 나라에서 한국이란 나라는 얼마나 작은지, 한국에 대해 아는 사람도 거의 없었다. 린치버그 도서관에는 한국에 관한 자료가 거의 없었다. 몇 차례 들락거려서 겨우 찾아낸 한국 자료라는 것이 1950년에 찍은 사진 몇 점이 고작이었다. 단발머리 아이들 사진과 리어카에서 사과를 파는 행상인의 사진 따위가 있을 뿐이었다. 미국인들은 한국을 아프리카의 미개발국쯤으로 알고 있었다.

안타깝긴 하지만 혼자서는 역부족이었다. 이러다가 아이들이 한국인이라는 정체성조차 잊어버리는 게 아닐까 걱정스러웠지만 가난한 유학생 부인이 할 수 있는 방법은 없었다. 그저 안타까운 마음을 하나님께 내놓고 기도했다.

"아버지, 아버지의 뜻을 보여 주세요. 무엇이 아버지의 뜻인가요?"

그렇게 기도하던 어느 날, 희한한 일이 생겼다. 아이들이 학교에서 돌아오다가 설문조사를 하던 지역 대학생을 만난 모양이었다. 그런데 그 대학생들이 아이들에게 "너희 나라에 아이스크림이 있느냐"고 물었다는 것이다. 그 말을 듣고 두 아이가 얼마나 자존심이 상했는지 화가 나서 "너희들, 아이스크림 없는 나라 봤냐?" 하고는 집으로 돌아왔다는 것이다. 집에 와서도 화가 풀리지 않는지 며칠을 씩씩거렸다.

나는 그저 아직 한국을 모르는 사람들이 많으니 이해하라고 위로해 주고 넘겼는데, 그 일이 뜻하지 않은 방향으로 아이들을 자극했다. 며칠 뒤 딸아이가 이렇게 말하는 것이었다.

"엄마, 내가 공부를 잘해서 한국인이 얼마나 우수하고 한국이 어떤 나라인지 보여 줘야겠어!"

그 말을 듣고서야 그 일이 하나님이 하신 게 아닌가 하는 생각이 들었다. 이번에도 하나님은 나의 기도를 기가 막히게 들어주신 것이다! 그 일로 인해 아이들은 미국에 살아도 한국인은 한국인이라는 사실을 뼈저리게 깨달았던 것이다. 평소엔 모르지만 누군가가 한국을 얕잡아 보면 자신도 모르게 피가 끓는 코리안 블러드가 자기 몸에 흐른다는 사실을 깨달은 것이다. 하지만 그렇게 말하는 딸아이는 한국어를 점점 잊어버리고 있었다. 큰아들도 영어가 익숙해지면서 점점 한국어를 할 기회가 없어졌다. 그렇다면 장성한 뒤에 누가 이 아이들을 한국인이라고 할 수 있겠는가.

교포 1.5세들 중에는 한국어를 못하는 아이들이 많다. 그렇다 보니 한국인이라는 정체성도 없고, 영어를 못하는 부모 세대를 오히려 부끄럽게 여기고, 서로 의사소통이 안 되다 보니 갈등만 커지고 있다. 그런 아픔들이 남의 일 같지 않았다. 이대로 우리 아이들이 한국어를 잊어버리면 우리 가정이라고 그렇게 되지 말란 보장이 없었다.

나는 더 늦기 전에 모국어 교육을 시작하기로 결심했다. 그리고 집에 있는 책 중에 한글로 된 책을 찾다가 한글성경을 교재로 선택했다. 그런데 막상 시작해 보니 한글성경만 한 모국어 교재가 없었다. 아이들은 아무리 시간이 없어도 성경을 읽지 않겠다는 말은 할 수 없기 때문이다.

그렇게 학교에서 아이들이 돌아오면 함께 한글성경을 읽기 시작했다. 그리고 밤마다 한글성경 받아쓰기를 시켰다. 예상대로 처음엔 딸아이가 한글성경 읽는 것을 힘들어했다. 어린 나이에 미국에 와서 미국 문화에 익숙해지다 보니 한글이 너무 낯설었던 것이다. 하지만 어리다는 것이 동시에 장점이기도 했다. 영어를 빨리 배우고 새로운 문화를 눈부신 속도로 흡수한 것처럼 한국어도 빨리 기억해 냈다. 아마 그때 한글성경을 읽고 쓰지 않았다면 딸은 지금 한국어로 의사소통 하는 것이 불가능했을 것이다.

그러나 모국어 교육의 가장 큰 축복은 큰아들의 사역으로 나타났다. 큰아들 김명은 목사는 지금 미국에서 1.5세대들을 위한 목회를 하고 있다. 그런데 그 세대를 섬기기 위해 김 목사가 하는 가장 중요한 일은 명절 때 나이 많은 교인들 가정에 세배를 가는 일이다. 그 집의 자녀를 교회로 인도하려면 한인 부모들과 관계를 잘 맺어야 하는데 이때 유창한 한국어가 톡톡히 한몫을 한다. 미국에서 자란 젊은 목사가 자녀들에게 한복을 입혀서 세배하러 오니까 서양에 살면서 한국 문화에 목말랐던 어른들이 단번에 마음을 열었다. 이렇게 마음을 연 어르신들은 자식들에게 전화해서 김명은 목사를 소개해 주며 그 교회에 나가 보라고 권해 주었다.

평소에도 큰아들은 교회 어른들에게 자녀들이 집에 오는 날, 자신을 초대해 달라고 부탁을 한다. 그렇게 주선된 만남을 통해 큰아들은 부모 세대와는 한국어로, 자녀 세대와는 영어로 대화를 하면서 세대

간의 문제와 갈등을 풀어 주고 소통을 돕고 있다. 소원한 관계가 되어 버린 두 세대 사이에 서서 가정을 회복시키고 있는 것이다.

지금 김명은(Sam Kim) 목사는 미국 동부에서 1.5세대와 2세대 젊은 한인 청년들이 350명가량 모이는 교회를 이끌고 있다. 한 사람 한 사람이 굉장한 재원들이다. 만일 김명은 목사가 한국어를 잊어버렸다면 이 사역이 가능했을까? 생각만 해도 그때 나에게 한글성경으로 모국어 교육을 하게 하신 하나님의 놀라운 뜻에 감탄을 금할 수가 없다.

하나님은 왜 우리에게 자녀를 주시는가
원치 않던 셋째 아이와 믿음의 시험대

정말 어렵고 힘든 시기였지만 언제나 최선을 다해 하나님을 따라가려고 노력했다. 그럴 때마다 하나님은 놀라운 계획으로 우리 가정을 축복하셨다. 하지만 나라고 언제나 하나님을 기쁘시게 하는 딸은 아니었다. 결혼 이후 약 15년간은 너무나 감당하기 힘든 벅찬 고난의 연속이었다. 그중에서도 미국에서의 4년은 거의 고난의 절정기였다. 그렇다 보니 나의 믿음도 서서히 바닥을 드러내고 있었고 바로 그즈음 셋째 아이가 생겼다.

그런데 당시 우리 형편이 얼마나 어려웠는지 지금도 미국에서 살던 때를 생각하면 저절로 고개가 절레절레 흔들어진다. 나 혼자 벌어서 남편과 두 아이의 학비와 생활비를 충당해야 했다. 그렇다고 친정이나 시댁 어느 쪽도 도와줄 형편이 못 됐다. 서울에서 개척한 교회에서도 도움을 기대할 수 없었다. 성도들의 사정을 뻔히 아는지라 그저 우리가 없는 동안 교회를 잘 지켜 주기만을 바랄 뿐이었다.

이상하게 하나님은 우리에게 세상에서 기댈 만한 곳을 단 한 곳도 주시지 않았다. 그래서 가자마자 나는 일자리를 찾아 나설 수밖에 없었고, 이런 희생을 언제까지 해야 하는지 슬슬 불만이 생기기 시작했다.

그러던 어느 날, 갑자기 하혈이 시작됐다. 병원에 가서 초음파를 찍었더니 자궁에 큰 혹과 함께 아이가 있다는 것이었다. 임신이라니! 지금 이 상황에? 내가 영적으로 가장 눌려 있던 때에 임신 소식을 듣게 되니 그것은 생명의 소식이 아니라 나의 발목을 잡는 소식으로 들렸다. 혹이고 아기고 다 귀찮았다. (이런 마음을 품은 것 때문에 나는 지금도 막내에게 죄를 지은 마음으로 살아가고 있다.)

생명은 하나님이 주시는 건데, 우리 형편을 잘 아시는 주님이 왜 아이를 허락하셨는지 아무리 생각해도 이해할 수가 없었다. 뱃속의 아기는 아랑곳없이 나는 하나님을 향해 원망을 쏟아내기 시작했다.

"하나님 정말 너무하십니다. 내가 이렇게 힘이 든데 내게 필요한 돈은 주시지 않고 아기라니요? 제가 지금 어떻게 아기를 키울 수 있다는 건가요?"

내 마음은 천근만근 무거운데 사무실로 돌아오니 축제 분위기였다. 모두들 하나님이 주신 귀한 아기라며 포옹을 해주고 축복의 말을 해주었다. 나는 그제야 정신이 들어서 뱃속의 아기에게 너무 미안해서 눈물을 펑펑 쏟아냈다.

얼마 후 병원에 갔더니 의사가 놀라운 말을 해주었다. 자궁에 아기가 없었다면 큰 혹을 떼어 내기 위한 수술을 했어야 하는데, 아기가 크면서 혹이 자동으로 없어질 것이라면서 과연 이 아기는 '미러클 베이비'라고 했다.

하지만 속이 꼬일 대로 꼬인 내게 의사의 말은 귀에 들어오지 않았다. 그저 배 부른 사람들의 소리로 들렸다. 하나님이 너무 싫었다. 나를 사랑하신다면서 나를 너무 고생시키시는 하나님으로부터 도망가고 싶었다. 짜증만 나고, 일도 하기 싫었다. 하지만 내가 일을 그만두면 당장 식구들이 밥을 굶을 판이었다. 배가 불러 오는 임산부의 몸이었지만 나는 이력서를 들고 좀 더 수입이 괜찮은 곳으로 취직하러 나서야 했다.

그때 마침 우체국에서 사람을 구한다는 소식을 접하고 면접을 봤다. 면접관들은 영어도 할 줄 모르는 동양인 임산부가 미국 한복판에서 일자리를 구하러 다니는 게 애처로워 보였는지 당장 내일부터 나와서 일하라고 했다.

그렇게 직장을 구하긴 했지만 나는 속으로 다른 전쟁을 하고 있었다. 뱃속에 있는 아기를 두고 하나님을 원망하며 영적인 줄다리기를 하다 보니 이 아기를 낳아도 내가 과연 다른 아이들처럼 사랑할지가 걱정이었다. 현실이 너무 힘들다 보니 한 생명의 엄마인 내 자신을 믿지 못하는 지경에 이르렀다.

그런 감정을 해결하지 못한 채 셋째 아이를 낳았다. 주위 사람들은 진심으로 기뻐해 주었다. 그중에서도 담당 의사가 제일 기뻐했다. 아이도 건강하게 태어나고 자궁 안에 있던 큰 혹도 없어져서 산모도 건강해졌다고 동양인 아기가 왜 이렇게 크냐면서 웃음을 감추지 못했다.

그러나 정작 나는 기쁘지 않았다. 이 어린 아기를 어떻게 키워야 할지 너무 막막했다. 명은이와 명화도 이미 커서 어린 시절이 생각나지 않았다. 아기가 울어도 왜 우는지 모르겠고 정말 막막했다. 그렇게 원망할 때 주께서 내 마음에 이렇게 말씀하셨다.

"네가 키우니? 내가 키우지!"

그런데 이상한 일이 생겼다. 아기보다 열 살 위인 누나가 아기를 얼마나 기뻐하는지 나를 대신해서 엄마 노릇을 하기 시작했다. 그제야 안 일이었는데 내가 원하지 않던 셋째 아기를 달라고 기도한 사람이 있었으니 바로 딸이었다! 나는 딸에게 말했다.

"엄마는 원하지 않는 아기를 주셔서 하나님을 원망했는데, 하나님이 너의 기도를 들어주신 거구나. 그러면 엄마가 동생을 잘 키울 수 있게 네가 도와줄래?"

그때 딸의 나이는 열 살. 아직 어린 나이였지만 이후부터 딸은 막내의 엄마나 다름없었다. 목욕시킬 때나 기저귀 갈아 줄 때나 언제든지 함께했고 틈틈이 시간을 쪼개어 동생과 놀아 주었다.

그렇게 막내는 어렸을 때부터 누나인 딸이 키우다시피 했다. 나는 영적인 자녀들을 돌보느라 바쁘게 다니다가 집에 들어갔기 때문에 딸이 없이는 아기를 돌볼 수 없는 상태였다. 그런 누나의 사랑을 갓난아기도 기억하는지 막내는 지금도 필요한 게 있으면 부모가 아닌 누나한테 먼저 말한다.

한번은 이런 일도 있었다. 막내가 여름 방학을 이용해 한국에 왔다. 나는 막내가 엄마가 해준 한국 음식이 그리웠을 것 같아 김치찌개를 끓여 주었다. 막내는 맛있다며 아주 잘 먹었다. 그런데 나중에 누나에게 김치찌개가 먹고 싶지 않았다고 했다는 것이다. 엄마인 나한테는 말 못하고 있다가 누나가 오니까 진심을 말한 것이다. 그때 얼마나 가슴이 뜨끔했는지 모른다.

하나님이 하시는 일에는 다 이유가 있다. 참으로 우리를 풍성하게 하시려는 선하신 이유가 있다. 그런데 때로 우리의 믿음을 강건하게 하려고 그걸 우리에게 가리실 때가 있다. 그러므로 이해할 수 없는 일이 생겼을 때 우리는 더욱더 전심으로 하나님의 선하심을 믿어야 한다.

한편, 엄마가 되는 기쁨은 우리의 노력으로 이루어지는 게 아니다. 오직 우리에게 생명을 허락하시는 하나님의 은혜로 이루어지는 것이다. 더구나 깨끗한 새 생명을 잉태한 산모에게 영적 전쟁이 많은데 그 영향이 아기에게 그대로 간다는 것을 명심해야 한다. 말씀 읽고 기도하는 것도 중요하지만 믿음, 절대적인 믿음의 상태를 유지하는 게 가장 중요하다.

나는 막내를 가졌을 때 그러지 못했다. 내 뱃속에 있는 아기가 하나님의 선물임을 알지 못했다. 이후 나는 그 불신의 대가를 혹독하게 치러야 했다. 하나님을 향한 믿음이란 무엇인가, 그 믿음을 잃었을 때 어떻게 되는가를 하나님은 뼈아프게 일깨우셨다.

죽어 가는 아이 앞에서 회개하면서도
살려 달라고 기도조차 할 수 없던 엄마

미국에 있을 때의 일이다. 어느 날 9개월 된 막내가 픽 쓰러졌다. 깜짝 놀라 아이를 품고 있다가 아기용 타이레놀을 먹였다. 그런데 잠시 후 다시 쓰러졌다. 겁이 덜컥 나서 미국인 이웃에게 도움을 청했더니 구급차를 불러 주었다. 아이를 품고 병원으로 달려갔는데 가자마자 아이가 설사를 하면서 피를 토하는 게 아닌가! 의사들도 병명을 몰라서 허둥지둥 아이를 중환자실에 입원시켰다. 하지만 나는 하루도 일을 쉴 수 없는 처지여서 낮에는 미국인 이웃이 봐주고 저녁이면 정신없이 병원으로 달려갔다. 그런데 병원에 가 보니 의사들이 병의 원인을 찾겠다고 아이에게 별별 실험을 다 하고 있었다. 하루가 멀다 하고 피를 뽑는데 실험쥐가 따로 없었다. 아이가 어찌나 힘들어하는지 보다 못한 내가 "피 좀 그만 뽑으라!"고 고함을 질렀다. 하지만 나중에는 발에서까지 피를 뽑았다. 그런데 그런 말 못 할 고통을 겪으면서도 누나가 오면 안심이 되는지 막내는 생긋 웃었다. 그 모습을 볼 때마다 얼마나 후회하며 회개했는지 모른다.

시간이 지나도 차도가 없자 의사들은 점점 아기를 포기하는 쪽으로 의견을 모으기 시작했다. 게다가 당시 버지니아 주는 인종차별이 심했다. 동양인 아기가 매일 피를 쏟으니까 학질 비슷한 거라고 결론을 내리고는 아기를 격리시키고 얼굴조차 보지 못하게 했다. 나는 금식을 하며 마치 가나안 정탐 때의 열 지파 같은 내 모습을 여실히 드러내신 하나님 앞에 엎드려 울면서 회개했다.

"아버지… 저 아이를 주셨을 때 아버지를 원망한 것 용서해 주십시오. 왜 아기를 주셨느냐고 말한 거, 그 아기가 없어지기를 바랐던 거 다 용서해 주십시오. 저 생명을 사랑하사 저의 자식으로 주셔서 감사합니다. 저의 잘못을 이렇게 통렬히 드러내시고 저를 사랑하사 징계하시는 아버지께 감사드립니다."

하지만 나도 염치가 있어서 차마 아이를 살려 달라는 말을 하지 못했다. 아이를 살려 달라는 말을 입 밖으로 꺼내려 하면 기도가 되지 않았다. 그저 눈물만 흘리며 회개했다.

그러자 이번에는 나 때문에 병원이 발칵 뒤집혔다. 내가 밥을 먹지 않으니까 간호사들이 엄마도 죽게 생겼다면서 소동이 난 것이다. 그 소식을 들은 교회 목사님이 병원으로 달려왔다. 우리 가족이 출석하던 교회는 성도 수가 만 명이 넘는 교회였고 담임목사님은 세계적으로 영향을 끼치고 존경받는 분이었다. 그런 분이 병원으로 달려와 아이의 병실에 들어가서 기도해야 한다고 하자 의사들이 전염될지 모른다며 결사적으로 막았다. 그러자 목사님이 이렇게 말했다.

"난 지금 죽어도 괜찮습니다. 죽어도 좋으니 지금 병실에 들어가서 저 아이를 위해서 기도해야 합니다."

그렇게 목사님은 의사들의 만류를 뿌리치고 병실에 들어가서는 아이를 살려 달라고 기도하셨다. 목사님뿐 아니라 만 명이 넘는 교회의 성도들이 이 아이를 살려 달라고 기도하기 시작했다. 남편이 공부하는 학교에도 이 소식이 알려져서 만 명이 넘는 신학생들이 막내를 살려 달라고 간곡하게 기도했다. 나는 눈물밖에 나오지 않았다. 이 아이를 전혀 모르는 사람들조차 하나님께 아이를 살려 달라고 기도할 수 있는데, 정작 아이를 낳고 기른 엄마인 나는 하나님 앞에 그 기도를 할 수가 없었다.

나는 이때 하나님의 선하심을 믿지 않고 하나님을 대적하고 원망하는 죄에 대해 하나님이 얼마나 엄히 징계하시는지를 알았다. 그리고 이 세상에 내신 생명에 대해서는 얼마나 풍성하고 인자한 사랑으로 지켜 가시는지도 알게 되었다. 그때의 하나님은 내 인생에서 가장 두려운 하나님이었다.

그 일이 있은 뒤 의사가 오더니 '이제부터 힘든 검사를 해야 하는데 아기가 잘못돼도 병원은 책임이 없다'는 내용의 각서에 사인을 하라고 했다. 나는 아기의 생명을 온전히 하나님께 맡기고 각서에 사인을 했다.

이후 병명을 알기 위한 잔인한 실험이 시작됐다. 피를 수도 없이 뽑고 척추에서 척수를 뽑아내는 전대미문의 실험이었다. 그것의 목적은 아이의 내장 작동을 완전히 멈추게 하는 것으로 완전히 식물인간 수준으로 만드는 위험한 실험이었다.

아이를 이대로 잃는다면 나는 평생 어떻게 살아가야 할지 암담했다. 그렇게 된다면 나도 죽은 목숨이나 마찬가지였다. 살아도 사는 게 아니었다. 그 시간이 얼마나 길고 답답하고 어두웠던지 하루 종일 질식당한 사람처럼 숨도 제대로 쉴 수가 없었다. 어렸을 적 아버지가 돌아가셨을 때보다 더 큰 고통과 절망감이 나를 짓눌렀다. 나는 모든 것을 체념한 채 죽은 사람처럼 하나님 앞에 엎드렸다.

그런데 그 완벽한 어둠을 뚫고 한 줄기 빛이 들어오기 시작했다. 나와 아이의 모든 것이 걸린 실험이 끝난 어느 날, 아이의 상태를 확인하고 온 의사가 나를 힘차게 포옹하며 말했다.

"이젠 됐습니다!"

알고 보니 아이의 증세는 모든 내장이 갑자기 멈추고 전혀 작동하지 않았던 것이다. 그걸 모르고 아기에게 자꾸 뭔가를 먹이니까 피를 토하고 난리가 난 것이다.

어른 중에서 간혹 그런 증세가 나타나기도 하는데, 대개 극심한 정신적 스트레스를 받은 경우 그런다고 했다. 그런데 왜 천진난만한 어린 아이의 장기가 일시적으로 멈춘 건지, 병원은 그 원인을 찾지 못했다.

하지만 나는 알았다. 내가 엄마 될 자격이 없다는 사실을 말이다. 하나님은 내 입에서 통한의 회개가 터져 나오고 생명의 주권이 주님께 있다는 것을 고백하게 하신 뒤에야 새로운 생명처럼 아기를 내게 다시 돌려주셨다.

그 난리를 치른 뒤 막내는 내장이 완전히 빈 상태에서 '물 1cc'를 젖병에 넣어 먹는 것부터 새로 시작했다. 마치 막 세상에 태어난 갓난아이처럼 처음부터 다시 시작된 것이다. 그 물이 아기의 목을 넘어가 마치 생수의 강물이 흘러들어 가 생명을 살려 내는 것 같은 며칠이 흘렀다. 마침내 아기의 내장이 다시 꿈틀거리며 움직이기 시작했다. 그러자 아기는 배가 고프다고 난리였다. 한 달 넘게 사경을 헤매던 아기가 회복되는 데 걸린 시간은 단 이틀이었다.

막내가 다시 퇴원해서 집으로 돌아온 날은 잔치 분위기였다. 막내는 이후 자라는 동안 단 한 번도 설사하지 않고 건강하게 자랐다. 그리고 생명에 관한 나의 잘못은 지금 낙태를 생각하는 어머니들을 위로하고 깨우치는 데 사용되고 있다. 나는 그들에게 이렇게 말한다.

"믿는 사람이 생명을 함부로 여긴다면, 하나님의 징계를 각오하십시오. 믿지 않는 사람이라도 또한 아무리 어려운 상황에 처해 있더라도 뱃속의 생명을 소중히 여기면 하나님도 당신을 소중히 여기십니다. 생명은 하나님께서 주시는 것이고 하나님이 주신 생명은 하나님이 키우십니다. 그리고 무엇보다 새 생명은 하나님이 우리에게 주신 그 무엇과도 바꿀 수 없는 큰 기쁨입니다."

믿음의 광야에서 기적을 체험한 아이들이
큰 무리의 영혼을 구원하게 하소서

광풍과도 같은 그 일이 지나간 뒤 우리 가정에는 기적이 계속됐다. 먹을 것도 없고 돈도 없어서 다음 날을 어떻게 사나 하는 막막한 심정으로 잠자리에 들던 시절이었다. 그런데 아침에 일어나면 문 앞에 누군가가 놓고 간 쌀자루가 있었다. 또 미국은 밥은 굶어도 자동차에 기름이 없으면 안 되는 나라인데 언젠가는 돈이 10달러밖에 없어서 8달러어치만 기름을 넣고 돈을 내려는데 얼굴도 모르는 어느 신사가 나의 기름 값을 말없이 내주고 사라졌다. 날마다 그런 일들이 계속됐다. 나는 이 기적을 아이들과 함께 보고 싶었다. 그래서 그다음부터 집에 돈이 떨어지면 아이들에게 이렇게 말했다.

"돈이 없으니 기도하자. 성경에 보면 까마귀를 통해서도 도우시는데 하나님이 우리를 어떤 방법으로 도우시나 보자."

그날도 10달러가 필요한데 없어서 아이들과 기도했다. 그런데 큰아이가 학교에서 그린 그림을 선생님이 외부 대회에 출품했는데 당선되어 상금 10달러가 생겼다. 이외에도 먹을 게 없어서 기도하면 아이들이 학교에서 돌아올 즈음, 문 앞에 음식 보따리가 놓여 있었다. 아이들과 함께 경험하는 하나님의 기적은 산해진미보다 달고 맛있었다.

하나님은 우리로 하여금 하나님을 의지하여 믿음의 광야로 나가게 하시고는 만나와 메추라기를 먹이시듯 기적과 놀라운 인도하심으로 우리를 먹이시고 보호하셨다. 광야 같은 낯선 나라 미국에서 우리를 안심시키고 기쁘게 한 것은 오직 하나님과 그리스도의 무한한 사랑이었다.

그즈음 나는 다시 하나님을 예전처럼 바라볼 수 있게 되었다. 회개를 해도 후회스런 과거에 대한 잔상이 사라지는 데는 상당한 시간이 걸린다. 그 시간이 지나야 다시 새로운 마음으로 하나님을 대할 수 있는데, 마치 어렸을 적 첫사랑 때와 같은 맑고 깨끗한 사랑이 샘솟듯 솟아났다. 나는 주님 앞에 무릎을 꿇고 이런 기도를 올렸다.

"아버지, 아버지가 내게 주신 세 아이를 주님께 다시 올려 드립니다. 이 아이들에게 생명의 소중함, 영혼의 소중함을 깨우쳐 주셔서 감사합니다. 한 죄인이 주님께 돌이키는 게 이렇게 힘든데 지구의 온 영혼을 한 사람도 잃지 않으려고 오늘도 죄인들에게 다가오시는 주님, 제 아이들이 주님의 그 일을 함께할 수 있게 해주십시오. 큰 무리의 영혼을 주님께로 돌이키는 사람들이 되게 해주십시오."

이 기도를 할 때 그 신비롭고도 기이한 느낌은 지금도 생생하다.

어쩌면 하나님은 그 기도를 오랫동안 기다리셨는지도 모르겠다. 그 순간을 위해 나에게 세 아이를 주시고 하나님의 말씀으로 키우도록 하기 위해 세상의 혜택이라곤 거의 누리지 못하도록 우리를 구별하여 두셨는지도 모른다. 그날 주님이 내 마음에 주신 기이한 느낌의 응답을 나는 가슴속 깊이 간직하기로 했다. 이제부터 내가 할 일은 주님이 아이들을 어떻게 인도하시는지 지켜보는 일이었다.

빵점 엄마의 맡기는 교육 6 – 하나님이 키우신다

말씀을 좇으라

큰아들은 미국 아이들이 동양 아이라고 놀리자 참지 못하고 주먹을 휘둘렀다. 나는 아들에게 '선으로 악을 갚으라'는 말씀을 따를 것을 충고했다. 이후 큰아들은 화가 날 때마다 학교 강당에서 피아노를 치기 시작했다. 이때 큰아들의 천재적인 절대음감이 발견되어 학교에서 '피아노 신동'으로 통했다. 아직 어려도 말씀대로 살겠다고 선택한 사람에게 하나님은 가장 적절한 때에 빠르고 분명한 응답을 해주신다.

하나님의 계획을 기대하라

나는 우리 아이들이 한국어를 잊어버리기 전에 한글성경을 교재로 모국어를 가르치기 시작했다. 당시는 영어 배우기도 급한데 한국어를 가르치는 일이 부질없어 보였지만, 지금은 큰아들을 통해 한인 사회에서 한국어를 못하는 1.5세대와 영어를 못하는 부모 세대 간의 갈등을 화해시키고 가정을 회복시키는 일에 귀하게 쓰임 받고 있다. 생각할수록 내게 한글성경으로 한글을 가르치게 하신 하나님의 놀라운 계획에 감탄을 금할 수가 없다.

생명은 하나님의 것이다

막내를 임신했을 때 나는 생활이 너무 고달파서 내게 생명을 허락하신 하나님을 오히려 원망했다. 아기를 낳은 뒤에도 일하느라 막내는 엄마인 나 대신 누나인 둘째가 키우다시피 했다. 그러던 어느 날 막내가 쓰러졌다. 원인도 모른 채 중환자실에 누워 있는 아기를 보며 나는 눈물을 쏟으며 회개했다. 생명의 주권이 주님께 있는데 내가 하나님을 믿지 못하여 원망하고 그 생명을 기뻐하지 않은 것을 회개했다. 그러자 하나님은 비로소 새로 태어난 생명인 듯 막내를 내게 다시 돌려주셨다. 그리고 광야에서 이스라엘 백성들을 만나와 메추라기로 먹이셨듯이 끼니를 걱정하는 우리에게 어김없이 필요한 양식을 가져다주셨다. 아이들은 이 놀라운 체험을 나와 함께했고 하나님의 무한한 사랑이 우리를 지키시고 보호하심을 굳게 믿게 되었다.

Chapter 7

빵점 엄마의 100점 교육법 5
광야로 자녀를 떠나보내라

주위에선 없는 형편에 아이들을 외국인학교에 보낸다고 말이 많았다. 미국 유학은 또 어떻게 시킬 거냐며 모두 비난하기도 했다. 그러나 나는 두 아이가 물불 가리지 않고 아르바이트하면서 의정부의 외국인학교를 다닐 때부터 이미 아이들이 내 손을 떠났다는 사실을 알았다. 그리고 '내 아이들이 큰 무리의 영혼을 구원하는 자들이 되게 해달라'고 한 나의 기도를 주님이 이루시는 거라면 그저 순종해야 한다는 마음밖에 없었다. 그래서 나는 주위 사람들의 비난과 걱정스러운 시선에도 아랑곳하지 않고 전적으로 아이들을 주님의 손에 의탁했다.

두 아이, 자기 힘으로 다시 유학길에

그렇게 4년이 흐르고 남편의 공부가 끝난 직후, 큰아들을 제외한 네 식구는 고국으로 귀국했다. 돌아와 보니 교회가 마치 무너진 예루살렘 성벽 같았다. 정말 느헤미야처럼 성벽을 치며 가슴을 찢는 것처럼 펑펑 울었다. 교회는 다 허물어지고 쓰레기 더미로 뒤덮여 있었다. 하긴 이 정도라도 교회가 남아 있다는 게 감사했다. 거리전도를 하거나 알음알음으로 만난 사람들을 교회로 인도해서 겨우 성도 생활의 기본을 가르치고 유학길에 오른 터라 성도들은 당시만 해도 교회 생활을 제대로 알지 못했다. 나중에 돌아와 들어 보니 당시엔 교회에 오면 그저 말씀 듣고 사랑과 보살핌을 받는다고만 생각했지 성도가 교회를 목숨처럼 지키고 내 집처럼 섬겨야 된다는 생각은 해본 적도 없었단다.

그러니까 만일 그때 돌아오지 않았다면 죽을 고생을 해서 세운 교회가 무너졌을지도 몰랐다. 우리가 미국에 있는 4년 동안 교회가 그

나마 껍데기로라도 유지될 수 있었던 것은 온전히 주님의 은혜였음을 돌아와서야 알았다. 나는 사실 아이들 교육 때문에 미국에 몇 년 더 있기를 원했다. 하지만 내가 조금 더 졸랐다면, 그래서 남편이 마음이 약해져서 미국에 주저앉았다면 그나마 돌아올 집도 교회도 없어졌을지도 몰랐다.

우리 부부는 교회를 다시 세우는 데 뛰어들었다. 그것말고는 아무 것도 돌아볼 겨를이 없었다. 막내는 무럭무럭 잘 자라 주었고 성도들은 다시 돌아온 우리를 이전보다 더 믿고 따라 주었다. 그 성도들과 부대끼는 삶, 그것이 주님이 내게 명하신 삶이었다.

그렇게 우리는 4년 전 그곳, 단칸방으로 돌아왔다. 마치 언제 이곳을 떠났던가 싶을 만큼 모든 것이 익숙했는데 한 가지 달라진 게 있었다. 바로 중학생이 된 딸이었다. 미국에서 너무도 잘 적응했고 젖먹이 동생을 엄마처럼 돌봐주던 정말 믿음직한 딸이 갑작스런 귀국에 충격을 받아 말이 없어졌다. 그리고 자기 의사와는 완전히 무관한 결정에 거세게 반항하기 시작했다. 왜 내가 한국으로 돌아와야 하느냐고 울부짖는 딸에게 우리는 단 한마디도 할 수가 없었다.

한국에서 학교를 다녀야 한다니까 딸은 한국어도 제대로 못하는데 또다시 낯선 학교에 적응하는 건 절대 못하겠다고 버텼다. 하는 수 없이 아이들의 미국 시민권을 가지고 갈 수 있는 외국인학교를 찾다가 남편이 졸업한 리버티 신학교의 부설 고등학교가 의정부에 있다는 사실을 알게 되었다. 그나마 학비가 가장 싼 곳이라 그 학교에 보내기로 결정했다. 그런데 엎친 데 덮친 격으로 큰아이마저 향수병이 심해서 집으로 돌아오게 된 것이다. 하는 수 없이 큰아들과 딸 두 아이를 외국인학교에 보내야 했다. 당시 교회에서 목사님께 준 사례비가 40만 원이었는데 두 아이를 그 학교에 보내는 데 들어가는 학비가 꼭 40만 원이었다. 그러니 아이들에게 학비 외에는 아무것도 해줄 수가 없었다. 교회로부터는 한 번도 자녀 교육비를 받아 본 적이 없었다.

그러자 딸이 반항하기 시작했다. 딸은 자기의 불편한 심기를 높은 앞머리로 표시했다. 당시 앞머리에 스프레이를 뿌려서 높이는 게 유행이었는데 그 머리가 언젠가는 10cm까지 올라간 적도 있었다. 외국인학교를 다니다 보니 복장도 제멋대로였다. 하지만 상처받은 아이의 마음을 더 다치게 하고 싶지 않아 우리는 아무 말도 하지 않았다. 사실 그 정도인 게 다행이었다. 집에 돈이 없으니 점심 도시락조차 싸 주지 못했다. 아이들과 얘기를 하고 싶어도 시간이 없었다. 두 아이들은 일주일 내내 아르바이트해서 학비를 벌어야 했고 또 주일이면 하루 종일 교회에서 봉사해야 했다.

주위에선 없는 형편에 아이들을 외국인학교에 보낸다고 말이 많았다. 미국 유학은 또 어떻게 시킬 거냐며 모두 나의 무모한 욕심이라고 비난하기도 했다. 그러나 나는 두 아이가 물불 가리지 않고 아르바이트하면서 의정부의 외국인학교를 다닐 때부터 이미 아이들이 내 손을 떠났다는 사실을 알았다. 그리고 '내 아이들이 큰 무리의 영혼을 구원하는 자들이 되게 해달라'고 한 나의 기도가 응답되기 시작했다고 어렴풋이 느끼고 있었다. 그 기도를 주님이 이루시는 거라면 그저 순종해야 한다는 마음밖에 없었다. 사실은 기뻐서 춤을 출 일이었다. 그래서 나는 주위 사람들의 비난과 걱정스러운 시선에도 아랑곳하지 않고 전적으로 아이들을 주님의 손에 의탁했다.

자녀에게 말씀의 씨앗을 심어 하나님의 광야로 떠나보내라

당시 딸은 굶는 게 다반사였다. 아들은 성격이 쾌활하고 좋아서 친구 어머니 한 분이 친아들처럼 돌봐주셨다. 배가 고프면 그 집에 가서 먹고 오기도 했는데 딸은 여자이다 보니 남의 집에 막 갈 수도 없는 처지였다.

아이들은 학비 외에는 부모가 줄 돈이 없다는 걸 알기에 아르바이트를 시작했다. 아이들의 나이는 열여섯 살, 열네 살이었지만 스스로 자기의 미래를 개척하기 위해 열심히 일했다. 저녁 늦게 돌아와도 공부할 공간이 없었기 때문에 아이들은 주로 두 시간 가까이 이동하는 지하철에서 공부했다.

딸은 점점 더 강해졌다. 어차피 부모한테 기댈 수 없는 바에야 공부를 열심히 해서 이 고생스런 삶으로부터 빨리 벗어나야겠다고 결심한 모양이었다. 하지만 그런 속마음을 한 번도 내비친 적은 없었다. 단지 신길동에서 의정부까지 매일 통학하는 게 너무 힘들다기에 학교 근처에 사시는 미국인 선생님 집에 머물도록 해주었다. 지금 생각하면 그때 그 선생님께 너무나 감사하다. 한창 반항기였던 사춘기의 딸을 극진하게 돌봐주신 까닭이다.

당시 딸은 하나님께 100가지 기도 제목이 있었다고 한다. 부모에겐 얘기할 수 없는 소원 100가지를 하나님 앞에 내놓고 매달린 것이다. 그리고 공부를 지독히 하더니 월반을 거듭해서 4년 만에 중고등학교 과정을 마치고 열일곱 살에 미국 대학에 입학했다.

아들이 먼저 대학을 갔는데 그래도 가장 미더운 곳이 리버티 대학이어서 딸도 그 대학으로 갔다. 나중에 알고 보니 아들은 LA에 있는 한 명문 대학에 합격했다고 한다. 리버티 대학이 그보다는 돈도 더 많이 들고 알아주지도 않는 대학이지만, 기독교 대학이었기 때문에 믿음의 테두리 안에서 공부하는 것이 중요하다고 여겼고 비싼 학비는 공부를 열심히 해서 장학금을 받으면 된다고 생각했다.

우리의 믿음대로 아들과 딸은 공부를 열심히 해서 장학금으로 학교를 다녔고 4년 내내 아르바이트를 쉰 적이 없다. 큰아들은 리버티 대학의 수학과를 선택했다. 나중에 MIT에 진학해 돈을 많이 벌어 가족들을 돕고 싶다고 했다. 그래서 원하는 걸 하도록 두었더니 1년쯤 다닌 뒤 집에 와서는 돈을 벌면서 공부하기가 너무 어려워서 휴학을 했으면 좋겠다고 했다. 그 심정을 충분히 이해하고도 남았다.

서울에서 외국인학교를 다닐 때는 물론, 아이들이 유학을 간 뒤에도 나는 단 한 푼도 돈을 보내 준 적이 없다. 우리가 보태 줄 수 있는 형편이 아님을 아이들도 잘 알았기 때문에 한 번도 도움을 바란 적이 없다. 아이들은 학기 중에도 아르바이트를 해야 했고, 방학 중에는 한국에 와서 영어 과외로 학비를 벌었다.

생각해 보면 난 지독한 엄마였다. 내게 나 같은 엄마가 있었다면 엄마라고 부르지도 않았을 것 같다. 우리나라에서 아무리 가난하다 해도 책상 하나 없이 아이들을 공부시킨 어머니가 어디 있는가.

사실 아이들이 미국으로 떠난 뒤 걱정이 끊이질 않았다. 밥은 제대로 먹고 다니는지 공부는 벅차지 않은지 너무 걱정되어서 견딜 수가 없었다. 그런 내게 하나님은 시편 37편 22절 말씀으로 위로하셨다.

"내가 어려서부터 늙기까지 의인이 버림을 당하거나 그의 자손이 걸식함을 보지 못하였도다."

이 말씀을 받고 난 뒤 난 더 이상 아이들 걱정을 하지 않았다. 그저 하나님이 내게 명하신 자리에서 맡기신 일을 열심히 하면 하나님이 기뻐하실 것이라 믿었다. 부모를 떠나 고아와 같은 아이들은 하나님이 특별히 돌보실 것이다. 부모가 밥도 못 해주니까 하나님이 특별히 먹이시고 함께해 주실 것이다.

실제로 아이들은 미국에서든 한국에서든 넘치는 하나님의 축복을 받았다. 똑같은 일을 해도 돈을 많이 받고 일할 수 있도록 인도해 주셨고 시간에 비해 수입이 좋은 일들을 만나게 해주셨다. 선생님도 좋은 분을 만나서 아이들이 한국에 나와서 영어를 가르칠 때도 교육학을 전공한 미국인이 가르치는 것보다 더 잘 가르친다는 평가를 받았다. 아이가 가르치던 학원에서는 영어를 하나도 모르는 아이를 3개월 만에 줄줄 읽게 만들었다는 평가를 받더니 나중에는 어머니들이 딸을 뒤로 빼돌려 고액 과외를 하려는 소동까지 벌어졌다.

빈손으로 막내아들 미국 보낸 엄마
부모 도움 없이 남동생 공부시킨 누나

두 아이가 그렇게 미국에서 공부를 하는 동안 막내가 5학년이 되었다. 방학 때면 큰아들과 딸이 집에 와서 함께 지내다 가곤 했는데 큰아들과 딸의 눈엔 동생이 딱했나 보다. 방학 때 집에 와서 보면 동생은 자기들이 그렇게 벗어나고 싶어 하던 환경에 혼자 놓여 있었던 것이다.

나에게 막내는 그저 보기만 해도 감사한 아들이었다. 얼마나 천진난만하고 귀여운지 뭔가를 가르친다는 생각보다는 그저 그 아이가 건강하게 내 곁에 있다는 사실만으로 감사했다. 그런데 어느 날부턴가 막내가 걱정되기 시작했다. 막내는 나이에 비해 덩치는 큰데 너무 착해서 학교에서 바보 취급을 당했다. 친구가 아프면 그 애를 업고 가방까지 들고서 집까지 데려다주고 오는 아이였다. 하지만 선생님도 친구들도 막내가 약간 모자라서 그런 거라고 생각했다. 덩치는 큰데 하는 짓은 아기 같으니까 오해를 하고 무조건 아이를 나무라거나 힘든 일을 도맡아 하는 걸 당연하게 생각했다. 막내는 이래저래 학교생활을 힘들어했다.

그런 막내를 보며 마음이 아팠지만 어떻게 할 도리가 없었다. 하나님이 싫어하시는 일은 하지 말고 참으라고 말했지만 안타까웠다. 그런데 형과 누나의 눈에도 그런 동생이 안쓰러웠던지 어느 날 막내를 미국에 데려가면 어떻겠냐고 의논했다. 자기들은 좋은 환경에서 공부하는데 막내 혼자 외롭게 자라는 것이 마음에 걸린 모양이었다. 더구나 어머니 아버지는 교회 성도들을 섬기느라 막내를 거의 방치하다시피 하리라는 것을 잘 알았다. 저러다 동생이 아무것도 안 되겠다 싶었나 보다. 말은 고마웠지만 자기들 공부하기도 힘든데 막내까지 맡길 수가 없어 우리는 아무 대답도 못하고 있었다. 그러자 아이들은 기도를 부탁했고 막내에게도 기도하라고 했다. 하나님이 가라고 하시면 가고 아니면 집에 있자는 것이었다. 그러자 막내가 물었다.

"내가 미국에 가서 좋은 점이 뭐야?"

집 떠나는 것을 두려워하는 막내를 위해 큰아들과 딸은 아이를 미군 부대에 데려가고 유학과 형과 누나들을 만나게 하면서 영어권 문화에 익숙해지도록 배려했다. 처음에는 꿔다 놓은 보릿자루처럼 말도 없이 가만히 있던 막내가 결국엔 형과 누나를 따라서 미국에 가겠다고 결심했다.

그렇게 막내까지 미국으로 보냈다. 물론 아이들은 부모가 생활비나 막내의 학비를 보태 줄 거란 기대는 전혀 하지 않았다. 우리도 보태 줄 형편이 전혀 아니었다. 그런 줄 알면서도 미국 유학을 결정한 막내도 대견했고 동생을 데려가 공부시키겠다는 큰아들과 딸도 너무 고마웠다. 나는 하나님 앞에 엎드려 눈물로 기도했다.

"아버지, 나는 너무도 나쁜 엄마입니다. 한 푼 보태 줄 수 없으면서, 막내가 가면 두 아이가 얼마나 더 고생스러울 줄 알면서도 막내를 보냈습니다. 성도들을 살필 줄은 알지만 막내를 잘 키울 자신이 없었습니다. 세 아이를 주님이 키워 주세요. 당신의 품으로 보내 드립니다."

그렇게 미국으로 간 막내는 딸과 함께 있었다. 당시 딸은 대학원을 다니면서 생활비를 벌기 위해 아르바이트를 하면서도 동생을 자식처럼 잘 키워 냈다. 엄마로 치면 그런 극성 엄마가 없을 정도였다. 그 일대에서 제일 좋은 학교를 선택해서 막내를 입학시켰는데, 그 학교는 거의 미국인 자녀만 다니는 학교라서 외국인 학생을 위한 영어 보충수업(ESL)이 없었다. 그러자 딸은 "나는 세금 내는 시민이고 내 동생이 영어를 못하는데 ESL 선생님이 없는 게 말이 되냐"고 요구해서 최고의 ESL 선생님한테 영어를 배울 수 있도록 했다.

당시 딸은 대학원에 다니면서 난이도가 높은 상담을 하며 돈도 벌고 공부도 하느라 심신이 매우 피곤한 상태였다. 그럼에도 불구하고 남동생을 위해 아침에 밥을 하고 공부를 도와주는 것은 물론이고 동생에게 친구를 만들어 주려고 다른 집 아이들까지 데리고 살기도 했다.

하지만 문제는 동생의 학비였다. 자기 생활비며 학비를 벌기도 어려운 형편에 동생의 학비까지 책임져야 했으니 몸과 마음이 여간 지치는 게 아니었다. 그러던 어느 해, 두 사람의 등록금을 내야 하는데 1,000달러가량이 부족했다. 마감일은 다가오고 도와줄 사람도 없는 상황에서 동생과 함께 절박하게 기도하다가 문득 이런 생각을 했다.

'아참, 우리한테도 부모님이 계셨지?'

부모로부터 도움을 받아 본 적이 없기에, 경제적으로 어려움을 당해도 부모에게 말해야 된다는 생각을 하지 못하는 아이들이었다. 뒤늦게 전화해서 기도를 부탁했다. 그런 아이들이 대견하면서도 한없이 미안했다.

"그래 부모가 떠오르지 않았다니 참 다행이구나. 하나님께 구하렴. 후히 주시고 꾸짖지 아니하시는 하나님께 구하렴. 엄마도 기도해 줄게."

내가 할 수 있는 유일한 말이었다. 너무 미안해서 울먹거렸다. 하지만 딸은 밝은 목소리로 이렇게 대답했다.

"네 엄마. 감사해요. 그거면 됐어요. 이젠 안심이에요."

얼마 후 딸은 두 사람의 등록금을 구했다. 하나님은 당신을 전적으로 의지하는 아이들을 매 순간 기적으로 인도하셨다.

또다시 죽음의 위기를 넘긴 막내아들에게
"극복할 수 있는 건 장애가 아니다"

막내는 고등학교를 졸업한 뒤 커뮤니티 대학에 진학했다. 형과 누나가 현지 사정을 잘 알다 보니 먼저 등록금이 싼 커뮤니티 대학에 진학한 뒤 좋은 대학으로 편입하도록 한 것이다. 당시 딸은 박사과정을 시작했기 때문에 막내는 누나와 떨어져 처음으로 기숙사 생활을 하게 됐다.

그런데 그 직후 막내가 큰 사고를 당했다. 당시 막내는 몸무게가 100kg에 키는 거의 190cm나 됐는데 어느 날 아는 형들과 농구를 하다가 덩크슛을 하던 중 그대로 떨어진 것이다. 병원에 실고 갔는데 혼수상태였다. 겁이 난 아이들이 전화를 했다. 우여곡절 끝에 여권과 비자를 만들어 미국으로 달려갔다.

병원에 갔더니 막내의 머리 뒤쪽이 10cm 정도 찢어졌는데 피가 고인 채로 나오지 않는다며 의사는 이 거대한 체구에 눌렸는데도 목도 꺾이지 않고 척추가 다치지 않은 건 기적이라고 말했다. 단, 피가 더 이상 새지 않고 혼수상태에서 깨어나더라도 정상으로 돌아오긴 어렵다고 했다. 집중력과 기억력이 떨어지고, 후각과 미각에 문제가 있을 거라고 했다. 성격에도 변화가 있을 거라고 했다. 그리고 머리에 고여 있는 피가 그대로 있든지 더 고이든지 하면 머리 뼈(skull)에 구멍을 뚫고 혈 제거 수술을 해야 한다고 했고, 그 고여 있는 피가 저절로 없어지는 경우는 매우 희귀한 일이어서 기대하지 말라고 했다.

신기한 일은 내가 병원에 갈 때까지만 해도 두려움으로 도무지 마음이 진정되지 않더니 막상 의사의 말을 듣고는 그다지 충격을 받지 않은 것이다. 이미 어렸을 때 죽음의 고비를 넘긴 막내였다. 생명에 지장이 없다면 나머지는 하나님께서 허락하시는 대로 살면 된다고 생각하고 감사를 드렸다.

다행히 막내는 곧 의식을 차렸다. 하지만 의사의 말은 사실로 드러났다. 후각과 미각을 완전히 잃어서 식초를 줘도 신 줄을 몰랐고 배가 고프니까 어떤 음식이든 먹지만 맛을 알고 먹는 건 아니었다. 막내가 자신의 상태에 충격을 받고 약해질까 봐 나는 이렇게 말했다.

"장애란 남을 힘들게 했을 때가 장애인 거고 너 혼자 이겨 낼 수 있는 건 장애가 아니야. 누구든지 다 가지고 있는 거야. 신경 쓰지 마. 기도하면 하나님이 냄새도 맡을 수 있도록 해주실 거고 맛도 느낄 수 있게 해주실 거야."

그렇게 믿음으로 서로 기도하며 한 달 동안 약을 먹었는데 단맛과 쓴맛은 조금 느낄 수 있게 됐다. 지금도 옛날 미각의 절반 정도밖에는 모른다. 하지만 막내는 늘 음식을 굉장히 맛있게 먹는다. 그리고 늘 너무 맛있다고 말한다. 그런데 후각은 완전히 잃고 말았다.

문제는 기억력과 집중력이었다. 의사는 대학을 가기 어려울 거라고 말했다. 하지만 우리 가족은 그 말에 실망하지 않았다. 막내도 마찬가지였다. 영어를 잘하니까 전문대라도 나와서 주님 잘 섬기고 무슨 일이든 하면 되겠지 하는 생각이 잠시 스쳤으나 하나님이 키우시는 아들이니 이 또한 인도해 주실 줄 믿고 그저 기도에 열중했다.

기억력이 떨어진 막내는 무엇이든 빠짐없이 메모를 하는 좋은 습관이 생겼다. 지금은 아이패드를 쓰지만 아이패드가 나오기 전에는 하룻동안 해야 할 일을 수첩에 깨알같이 적어 놓았다. 교수를 만나거나 새로운 사람을 만날 때면 막내는 늘 부끄러워하지 않고 자신의 장애를 미리 밝히며 혹시 과제를 해오지 못하거나 약속을 어기더라도 고의적인 게 아니라 잊어버려서 그런 것이니 다시 말해 달라고 부탁했다. 말씀도 깨알같이 적었다가 보고 묵상을 했다.

우리는 막내가 커뮤니티 대학을 졸업하고 나면 더 이상 공부할 수 없을 것이라고 체념하고 있었다. 하지만 막내는 가족 몰래 대학 편입 시험을 보았고 여러 대학에서 합격통지서를 받았다. 우리는 그 소식을 듣고 너무 기뻤고 버지니아 주 시민이니만큼 싼 학비로 다닐 수 있는 버지니아텍을 권했다. 전공은 영문과였다. 이유를 물어보니 막내는 영어가 아직 부족한데 이놈의 영어가 뭔지 싸워 보고 싶다고 했다.

막내의 기억력과 집중력은 사고를 당하기 전에 비하면 70%밖에 회복되지 않았다. 그래서 대학을 가지 못할 거라고 했지만 정작 막내 자신은 그 장애를 장애로 인정하지 않았다. 장애를 핑계로 남에게 의지하려 하지도 않았고 꿈을 포기하지도 않았다. 우리가 모르는 어떤 장애가 막내의 몸에 남았다 하더라도 막내는 하나님을 믿는 믿음으로 그 모든 장애를 이기고 일어섰다.

버지니아텍 총격 사건이 막내의 인생을 바꾸다

그런데 같은 해 버지니아텍 영문과에 막내와 함께 들어간 아이가 있었다. 바로 버지니아텍 총격 사건으로 우리를 충격에 빠뜨린 조승희였다. 막내의 말에 따르면 조승희는 평소에도 얼굴 보기가 어려웠다고 한다. 늘 혼자 다녔고 강의실에도 수업 시작하기 직전에 들어왔다가 끝나고 돌아보면 이미 사라지고 없었다고 한다. 잘생긴 얼굴은 항상 어두웠고 모자를 쓰고 다녔는데 누구하고 말하는 걸 본 적이 없다고 했다.

그런데 그 부모는 아이가 버지니아텍에 갈 정도로 공부를 잘하니까 아무런 문제가 없다고 생각했을 것이다. 척박한 이민 사회에서 바쁘게 일하다 보니 그 부모도 자녀들과 대화를 나눌 시간이 없었을 것이다.

그런데 총격 사건이 있기 전날, 막내는 교회에서 아이들을 데리고 수련회를 다녀온 뒤 너무 피곤해서 다음 날까지 늦잠을 잤다. 너무 깊이 잠이 들어 무슨 일이 있었는지도 모를 정도였다. 지금 생각하면 그때 아이를 깊이 재워 주신 하나님께 너무도 감사할 따름이다. 사고는 막내가 잠들어 있던 기숙사 창문을 통해 정면으로 보이는 가까운 건물에서 벌어졌다. 만일 막내가 중간에 깼거나 잠을 자지 않았다면 총소리에 놀라 밖으로 나왔다가 사고를 당했을지도 모른다. 사고를 당하지 않았더라도 현장을 목격했다면 마음이 여린 막내는 틀림없이 정신적인 충격을 받아서 힘들어했을 것이다.

그런데 막내는 그 무서운 사건이 일어났는지도 모른 채 잠들어 있었고 나에게 전화로 그 사실을 알려 준 건 딸이었다. 뉴스에서 사고 소식을 듣고 놀란 딸이 막내에게 전화를 했는데 전화를 받지 않는다는 것이었다. 기도해야 한다고 울먹이는 딸의 목소리에 얼마나 놀랐던지….

뒤늦게 잠에서 깬 막내는 늦잠을 자는 동안 너무나 많은 사람들이 전화한 것을 보고 오히려 의아해서 누나에게 먼저 전화했다. 그제야 끔찍한 사건의 전모를 듣고 급히 밖으로 나갔더니 이미 수습이 끝나서 시체 33구를 다 치운 뒤였다.

나중에야 범인이 한국인인 걸 알고 혹시나 현지 학생들이 젊은 혈기에 한국인 학생들에게 보복할까 봐 필라델피아에 있는 큰아들에게 전화해서 동생을 데리고 있으라고 했다. 나는 애가 타면서도 딱히 해

줄 수 있는 게 없었다. 막내를 지켜 달라고 하나님께 매달릴 뿐이었다.

그런데 며칠 후 한국 텔레비전 프로그램에 막내가 인터뷰하는 것이 나오는 게 아닌가. 알고 보니 2007년 당시 2만 명의 버지니아텍 학생들 중에서 유일하게 영문과 졸업반이고 재미 한국인인 남자 학생이 딱 세 명 있었는데, 그중 두 명이 범인 조승희와 막내였던 것이다. 막내는 조승희와 매주 영어 수업을 같이 듣고 있었고 이것을 계기로 많은 언론기관에서 막내를 집중 인터뷰했다. 그런데 이번에는 하버드대학원에 있던 딸이 조승희 사건의 문제를 해설하는 전문가로 소개됐다. 버지니아텍에서 이 충격적인 사건을 분석하기 위해 상담전문가를 찾고 있었는데, 미국상담학회(American Counseling Association)에서 딸을 소개한 것이다. 이 일로 딸은 미국 내 한인 사회에서 유학생과 가정문제 전문 상담가로 알려지게 되었고 이후에는 강연과 세미나를 통해 이민가정을 섬기고 있다.

그런데 사건의 여파는 그것으로 끝나지 않았다. 며칠 뒤 대학을 졸업한 막내가 이 사건을 계기로 상담학을 전공하기로 한 것이다. 막내는 조승희와 같은 외로운 친구들을 도와야겠다고 결심한 것이다. 그렇게 하나님은 조승희 사건을 통해 막내를 상담전문가의 길로 인도하셨다.

대학원을 졸업한 뒤 막내는 미국과 캐나다에서 코스타를 섬기는 한편, 누나와 함께 상담 세미나를 통해 소외된 청소년들을 섬기고 있다. 상담전문가이지만 마치 목자와 같이 한번 만난 청소년들을 끝까지 챙기고 섬긴다. 막내는 종종 이렇게 말한다.

"하나님이 자꾸 영혼을 돌보라는 마음을 주시는 것 같아요. 기도하면 외로운 아이들의 얼굴이 떠올라요."

막내는 대학원을 졸업하고 상담교사로 3년간 일한 뒤 한국에서 공익근무 중이다. 상담학 전공을 살려 한 중학교에서 상담 보조교사로 일하는데, 일을 끝내고 돌아오면 언제나 교회로 올라가서 자기가 근무하고 있는 학교와 상담으로 만난 중학생들을 위해 기도하고 잠이 든다.

"여호와를 의뢰하고 선을 행하라 땅에 머무는 동안 그의 성실을 먹을 거리로 삼을지어다 또 여호와를 기뻐하라 그가 네 마음의 소원을 네게 이루어 주시리로다 네 길을 여호와께 맡기라 그를 의지하면 그가 이루시고 네 의를 빛같이 나타내시며 네 공의를 정오의 빛같이 하시리로다 여호와 앞에 잠잠하고 참고 기다리라 자기 길이 형통하며 악한 꾀를 이루는 자 때문에 불평하지 말지어다"(시 37:3-7).

살다 보면 수많은 일들이 일어난다. 절체절명의 위기에 놓이기도 한다. 하지만 그 순간에 우리의 자녀가 하나님의 선하심을 전적으로 믿을 수 있다면 하나님은 그들의 삶에 기적을 행하신다.

빵점 엄마의 맡기는 교육 7 - 광야로 자녀를 떠나보내라

하나님께 맡기라

한국에 다시 돌아온 후 아이들을 외국인학교에 보냈다. 하지만 나는 학비만 대주었을 뿐 나머지 용돈이며 책값 등은 아이들이 아르바이트해서 마련했다. 이후 월반해서 아이들이 미국 유학길에 올랐을 때도 나는 아이들에게 돈 한 푼 쥐어 줄 수 없었다. 하지만 고아 같은 아이들을 하나님이 보살피실 줄로 믿었다. 하나님이 아이들을 특별히 먹이시고 함께해 주실 줄로 믿었다.

장애를 탓하지 말라

막내는 미국에서 농구를 하다가 크게 다쳐서 혼수상태에 빠졌으나 다행히 죽음의 고비를 넘기고 깨어났다. 그러나 기억력과 집중력, 미각과 후각이 급격히 떨어질 것이란 진단을 받았다. 나는 네 스스로 이겨 낼 수 있다면 그건 장애가 아니다, 사람은 누구나 장애를 가지고 있으니 신경 쓰지 말라고 위로해 줬다. 그런데 막내는 장애를 핑계로 절대 남에게 의존하지 않았고 꿈도 포기하지 않았다. 그리고 막내는 하나님을 믿는 믿음으로 그 모든 장애를 이기고 일어섰다.

위기가 곧 기회다

버지니아텍 총격 사건이 일어난 그 시각, 막내는 기숙사에서 깊은 잠을 자고 있었다. 덕분에 그 사건의 희생자가 되지는 않았지만 이 사건 이후 막내는 상담전문가로 진로를 바꾸었다. 기도만 하면 외로운 친구들이 떠오른다는 것이다. 또한 이때 둘째는 유학생과 가정문제 상담가로 알려져서 지금은 이민가정을 돕는 일을 하고 있다. 절체절명의 위기에서도 하나님의 선하심을 전적으로 믿기만 하면 하나님은 우리의 삶에 기적을 행하신다.

Chapter 8

빵점 엄마의 100점 교육법 6
자녀의 홀로서기를 도우라

"제가 만일 부모님 곁에서 자랐다면 기도도 어머니께 의지해서 했을 것이고 말씀 보는 것도 게을리 했을 거예요. 어쩌면 부모님의 하나님과 나 사이에서 방황하는 수많은 청소년들과 다르지 않았을 것입니다. 하지만 부모님 곁을 떠나서 누나와 함께 독립적으로 살았기 때문에 나의 하나님을 더 확실하게, 그리고 더 빨리 만날 수 있었다고 생각합니다."

큰아들 김명은 목사
첫 번째 유학 생활
5학년에서 1학년으로, 우등생에서 반벙어리로

제가 한국에서는 공부를 꽤 잘했어요. 학교에서 반장도 하고 성격도 밝고 교회 생활도 열심히 했죠. 그런데 미국에 도착한 날부터 완전히 바보가 됐어요. 시카고 큰아버지 댁에 있을 때는 그래도 주변에 한국 사람들이 많아서 괜찮았는데 아버지를 따라 버지니아 린치버그로 간 뒤론 벙어리에 바보가 된 거죠.

그곳 학교에서 외국인이라곤 제가 유일했어요. 외국인 학생들을 위한 ESL 프로그램도 없고 영어도 한마디 못하니까 원래 초등학교 5학년인데 초등학교 1학년부터 시작하게 되었어요. 고작 한두 달에 불과하긴 했지만 여동생 명화와 같이 1학년에 다니는 게 그렇게 싫은 거예요. "한국에서 잘 살던 나를 왜 미국까지 데려와서 이렇게 힘들게 만드냐"고 부모님을 원망하면서 매일 울고불고 난리를 피웠습니다. 더구나 미국 애들이 학교에서 유일한 황인종인 저더러 "넌 백인이냐, 흑인이냐"며 놀려 댔어요.

그래도 생각보다 빨리 영어가 입에 붙었고 결정적으로 수학을 잘 해서 수학우등생반에 들어갔어요. 수학우등생반에는 백인들만 있었는데 수업은 백인들과 듣고 육상과 축구는 흑인들과 어울리다 보니 정신적으로 몹시 혼란스럽더라고요. 외국인이 하나도 없는 곳에서 백인도 흑인도 아닌 누런 피부 빛을 가진 아시아인으로 사는 게 보통 힘든 일이 아니었습니다. 그렇게 겨우 벙어리 신세를 면하고 미국 생활에 재미를 붙이는가 하는데 부모님이 다시 한국으로 가야 한다고 했습니다. 아마 8학년 때였을 것입니다. 저는 그때 다시 한국에 돌아가 새로운 친구들과 적응해야 하는 게 죽기보다 싫었고 부모님은 결국 저 혼자 미국에 남겨 두기로 결정하셨습니다.

그러나 시카고의 아는 목사님 댁에서 1년, 큰아버지 댁에서 1년 있는 2년 동안은 제 인생에서 가장 힘들었던 때입니다. 아침 7시에 스쿨버스를 타고 학교에 갔다가 오후 2시 반에 끝나서 집에 돌아오면 밤늦게까지 혼자서 시간을 보내야 했어요. 큰아버지 큰어머니는 밤늦게까지 일하고 들어오셨거든요. 그때 하나님께 원망을 많이 했어요. 왜 나를 이런 곳에, 이런 상황에 놓아 두시는지, 하나님이 날 사랑하신다면 이렇게 날 외롭게 고아처럼 내버려둘 순 없지 않느냐구요.

그런데 나중에 한국에 와 보니까 그게 엄청난 은혜였어요. 열일곱 살에 한국으로 돌아와서 여동생이 다니던 의정부의 외국인학교를 다니게 되었는데, 제가 학교에 오기 전에 고등학생들과 깡패들 사이에서 큰 패싸움이 있었다고 했어요. 이때 두 명이 칼에 맞아 죽었다고 합니다. 그런데 만일 제가 당시에 한국에 있었다면 덩치 큰 저도 아마 그 싸움에 휘말렸을 것입니다. 전교생이 몇 안 되는 학교에서 힘 좀 쓴다 하면 그 패싸움에 연루되었거든요. 제가 그 기간 동안 미국에 있었던 것은 하나님의 보호요 은혜였던 것입니다.

한편, 나중에 미국으로 다시 유학 와 아버지가 다니던 리버티 대학을 다녔는데, 전에 친하게 지내던 미국 친구들을 찾아봤더니 남자애 두 명이 감옥에 가 있었습니다. 같은 클래스였던 여자애 4명도 미혼모로 살고 있었고요.

그때 하나님께 감사했습니다. 저를 버지니아에 두지도 않고 한국에 두지도 않으면서 저를 위험으로부터 보호해 주셨기 때문입니다.

두 번째 유학 생활
가난이 싫어서 부자 되려고 수학도가 되었으나…

고등학교를 은혜 가운데 마치고 미국의 USC 대학에도 합격했으나 학비가 싼 버지니아의 리버티 대학에 입학했습니다. 아버지가 다니던 대학이었죠. 목회자 자녀에게 주는 장학금을 받긴 했지만 학비로 충당하기엔 역부족이었고 더구나 생활비도 없었습니다. 그래서 대학에 입학하자마자 취직을 한 건지 대학을 다니는 건지 모를 정도로 일을 많이 했습니다. 2학년 때부터는 아예 풀타임으로 밤새 청소하는 일을 했습니다. 대학에는 건물이 많고 바닥 청소가 아주 큰일이에요. 정기적으로 바닥 타일에 왁스를 바르고 광을 내야 하는데 낮에는 학생들이 많으니까 밤새도록 하는 거죠. 그 넓은 바닥을 때 벗기고 왁스 칠하고 다시 광내는 일을 한 것입니다.

밤 10시부터 새벽 6시까지 일하고 집에 돌아와서 씻고는 곧바로 학교에 가서 수업을 들었죠. 잠은 낮에 시간이 날 때마다 짬짬이 잤고요. 여동생도 저와 다름없는 상황이었어요. 몸도 약한 여동생이 늘 마음에 걸렸지만 어쩔 수 없었습니다. 주변에 아무리 돌아봐도 저희처럼 공부하는 아이들은 없었습니다. 자녀를 유학 보낼 정도면 가정형편이 좋은 아이들이 대부분이었고 저희 같은 목회자 자녀들은 교회에서 학비를 지원해 주는 경우가 많았죠. 그런데도 부모를 원망하거나 철없이 사고 치는 아이들도 많았습니다.

그런 친구들에 비하면 이제 갓 스물에 열일곱 살인 우리 남매는 어른스러웠습니다. 힘들어도 부모님께 기댈 생각은 아예 안 했습니다. 부모님이 평생 하나님 나라를 위해서 저렇게 헌신하시는데 우리까지 부담이 될 수 없다는 게 우리 생각이었죠. 그래서 열심히 기도

하면서 한 학기 한 학기 헤쳐 나갔습니다.

딸 김명화 교수
열일곱 살에 미국 유학, 독학으로 대학을 조기 졸업하다

　대학 입학을 위해 다시 미국으로 갔는데, 그때가 열일곱 살이었어요. 저희 삼 남매는 어렸을 때부터 독립적으로 컸기 때문에 미국에서 부모님이 안 계시다고 경제적으로 힘들다고 느껴 본 적은 없어요. 내가 하는 공부인데 당연히 내가 스스로 해결해야 한다고 생각했어요. 부모님이 너무 그립고 보고 싶었지만 시간 날 때마다 편지를 썼어요. 전화는 하지 않았죠. 부모님한테 편지가 오면 강의실을 빠져나와 화장실에서 읽으면서 참 많이 울었어요. 왜 울었냐면 부모님이 보고 싶어서 그런 것도 있지만 성도들과 교회를 위해 수고하는 부모님이 안쓰러워서 그랬던 것 같아요. 보통 부모님이 자녀들을 안타깝게 생각하는데 저는 어렸을 때부터 부모님이 참 안타까웠어요.
　다른 집 아이들은 부모에게 기대고 부모의 도움을 받는 게 당연하지만 저희 집에서는 당연한 게 아니에요. 저희 집에선 부모님께 기대지 않는 게 당연한 거였어요. 어렸을 때부터 학비도 제가 벌어서 다녔거든요. 다시 미국에 갔을 때는 두 번째 가는 거라서 다행히 기숙사에 들어가기 전까지 아는 분들 집에서 신세를 졌어요.

미국 가서 가장 먼저 한 일이 아르바이트를 찾는 거였어요. 그런데 하나님이 저희를 위해 늘 좋은 길을 열어 주셨어요. 남들은 힘든 일할 때 저는 사무실에서 일할 기회가 많았거든요. 그럴 때마다 어머니의 기도 덕분이라고 생각했어요. 저희 어머니가 어렸을 때부터 저희를 위해 기도하시면서 하나님의 인도하심과 은혜를 받고 또 사람들에게 도움을 받을 수 있게 해달라는 기도를 참 많이 하셨거든요. 제 기억에 가장 선명하게 남아 있는 기도예요. 부모님이 주지 못하는 도움을 다른 이들에게 받을 수 있도록 기도하셨어요.

그 기도 덕분에 정말 이상한 일이 많았죠. 무슨 구인광고가 있어서 찾아가 보면 저보다 능력 있는 사람들을 제치고 꼭 제가 뽑히곤 했지요. 항상 그랬어요. 또 승진 기회가 있을 때도 저보다 더 실적이 좋은 사람들이 있는데도 제가 승진이 됐어요. 그때마다 '아, 엄마의 기도 덕분이다. 이번에도 아무 이유 없이 혜택을 받는구나' 생각했죠. 정말 부모님과 떨어져 살면서 부모님의 기도가 얼마나 중요한지를 체험하며 살았어요. '돈은 못 주셨지만 돈으로도 살 수 없는 이런 귀한 것을 주셨구나' 하는 걸 깨달으면서 늘 감사하게 생각했어요. 대학에 다닐 때도 국제학생센터(International Student Office)에서 일하게 되었는데 감사하게도 거기 학장님이 특별히 잘 보셔서 4년 내내 일할 수 있었어요. 그리고 3학년 때부터는 기숙사 사감이 되었는데 리버티에서는 사감이 되는 게 가장 실속이 있어요. 특권도 많고, 전액 장학금도 받고요. 그래서 사실은 편하게 학교를 다녔어요.

사감이 된 뒤에도 항상 다른 일을 겹치기로 해야 했어요. 사무실에서 일하는 것은 물론이고 과외도 하구요. 정말 쉬는 시간이 없었어요. 하지만 그것도 당연하다고 생각했는데, 엄마가 항상 그렇게 사셨으니까요. 저도 당연히 그렇게 살았어요.

누나의 미국에서 동생 키우기

막내를 데려오고 난 뒤에는 엄마가 우리를 키우실 때 쓰시던 방법(parenting skill)을 제가 많이 흉내냈어요. 동생이 오자마자 혼자 빨래하는 것부터 가르쳤어요. 그래서 동생은 5학년 때부터 자기 빨래는 자기가 빨았습니다. 둘 다 공부해야 하는 처지니까 이 정도는 네가 혼자 하는 게 당연한 거라고 가르쳤어요. 집안 청소도 구역별로 할 일을 정해 주었고 엄마한테 배운 대로 예스, 노도 일관성 있게 했습니다. 무엇보다 사람들과 잘 지내는 것을 중요하게 생각해서 싸우거나 다투지 않도록 가르쳤어요.

사실 미국에서는 교회를 일주일에 한 번 다니는 신앙인이 많아요. 그렇게 해도 신앙을 유지하기 쉬운 나라이고, 특히 린츠버그는 유혹당할 만한 게 없어요. 하지만 저는 수요예배와 주일 아침, 저녁예배에 모두 참석하는 것을 가장 중요하게 생각했어요. 우리는 무슨 일이 있어도 예배에 빠진 적이 없어요. 죽는 한이 있어도 예배를 드리는 게 너무나 당연했고, 우리가 가장 먼저 할 도리라고 생각했어요. 저는 제가 배운 대로 동생에게 가르쳤고 동생은 고맙게도 너무 잘 따라와 주었습니다.

생활비는 열심히 일해서 벌었습니다. 제가 좀 맹꽁이 같은 게 그냥 학교를 쉬고 풀타임으로 일했으면 서로 편했을 텐데, 동생이 왔을 때도 대학을 조기 졸업하고 석사과정을 했을 때라서 일과 공부를 병행했습니다. 동생도 열네 살 때부터 맥도날드에서 일하면서 용돈을 벌었어요. 맥도날드에서 일할 때 좋은 점은 일을 마치고 먹을 만큼 가지고 올 수 있다는 거였죠. 그걸 가지고 와서 한 끼씩 때울 수 있었습니다.

그때 제가 느꼈던 게 매 끼니 밥을 짓는다는 것이 보통 일이 아니라는 거였어요. 엄마가 너무나 존경스러웠습니다. 어떻게 불평 한 번 안 하시고 그 오랜 세월을 한결같이 하셨을까? 보통 일이 아니거든요. 매일 식단을 바꿔서 준비해야 하고 특히 장 보는 게 너무 싫고 힘들었어요.

미국에서는 쇼핑하려면 날을 잡아서 가야 해요. 아직 동생은 철이 없어서 물건 살 돈이 어디서 나오는 줄 알았어요. 돈은 벌어야 쓸 수 있다는 개념이 없었던 거죠. 미국에서는 흔히 수표(체크)를 쓰는데 쇼핑을 하고 나서 계산대 앞에 서면 이상하게 제가 넣지 않은 물건들이 잔뜩 들어 있는 거예요. 제가 안 볼 때 동생이 넣은 거죠. 그래서 제가 "이거 살 돈 없어" 그러면 "누나 그냥 체크 쓰면 되잖아" 하면서 떼를 쓰곤 했어요. 그러면 제가 "그 체크는 은행에 돈이 있는 만큼 쓰는 거야" 하고 설명해 주었죠. 그제야 막내는 이해하는 눈치였어요.

이민사회 아이들의 가장 큰 약점은 부모님이 미국 사회의 시스템을 모르기 때문에 아이들이 직접 다 부딪히면서 배워야 한다는 거죠. 일찌감치 미국 사회에 정착해서 살아온 아이들은 부모님으로부터 배울 수 있었지만 우리 같은 1세대는 그게 어려웠어요. 다행히 오빠와 내가 조금 일찍 미국 생활을 해봤기 때문에 동생에게 조언해 줄 수 있었죠.

한편으로는 어린 동생에게 감사했습니다. 좀 까다롭고 해주는 거 안 먹고 그랬으면 힘들었을 거예요. 샌드위치 하나로 끼니를 때울 때도 있었거든요. 한창 자랄 나이에 얼마나 먹고 싶은 게 많았겠어요. 나중에 안 사실이지만, 동생이 5학년 때 런치어보라는 게 유행했어요. 크래커랑 햄이랑 치즈랑 싸서 샌드위치를 해먹는 건데, 당시 아이들 사이에서 선풍적으로 유행해서 다들 학교에 싸 가지고 와서 먹었나 봐요. 동생도 그게 너무 먹고 싶었지만 나한테 차마 얘기를 못한 거예요. 나중에 동생이 고등학교 졸업한 뒤에 그 얘기를 해서 제가 얼마나 울었는지 몰라요. 그래서 당장에 가게에 가서 그걸 열 개인가 스무 개인가 사서 둘이 배 터지도록 먹었어요.

저도 사실 누나이긴 하지만 철이 없었죠. 제 생각을 많이 했거든요. 꽃다운 20대에 혹이 딸려서 놀고 싶어도 못 놀고 데이트 한 번 제대로 못 하고 밥하기 싫어도 동생 때문에 억지로 해야 하고 이게 뭔가 싶었죠. 주말에도 잠 좀 자고 싶은데 동생 때문에 일어나야 했어요. 때로 하나님께 너무하시는 거 아니냐고 원망할 때도 있었어요. 그런데 생각해 보면 동생은 또 얼마나 힘들었을까 싶어요. 그 어린 나이에 엄마랑 멀리 떨어져서 누나랑 같이 산다는 게 쉽지 않았을 거예요. 제가 보통 깐깐한 게 아니라서 동생이 많이 힘들었을 거예요. 그런데 그때는 그런 생각을 많이 해주지 못했어요.

제가 결혼 전부터 학부모들을 상대하는 일을 많이 했습니다. 2005년부터 세미나를 했으니까요. 그런데 한번 생각해 보세요. 아무리 박사학위가 있다지만 애도 낳아 보지 않은 여자가 학부모들에게 무슨 조언을 할 수 있겠어요? 하지만 제가 동생 이야기를 하면, 부모님들이 "아~" 하고 수긍하시는 거예요. 제 몸으로 낳은 아기는 아니지만 아마 저처럼 동생을 사랑하는 누나도 없을 겁니다. 동생을 위해 죽으라면 죽을 수도 있을 것 같아요. 사고가 났을 때도 하나님 차라리 저한테 그러시지 왜 동생한테 그러셨냐면서 참 많이 울었습니다. 동생을 참 많이 사랑하지요. 15년을 미국에서 같이 지내면서 동생한테는 부모의 심정을 가졌던 것 같아요.

학교 갈 때 아침을 거르고 가면 하루 종일 일이 손에 잡히지 않았어요. 동생이 배가 고파서 수업 시간에 집중이 잘 안 될 텐데, 어디가 아픈 건 아닌지 걱정되고 마음이 안 놓였어요. 사춘기 때는 말이 없고 꿍하잖아요. 그럴 때는 괜히 방문 앞에서 귀를 바짝 대고 뭐 하나 기분도 살피고, 혹시 내가 뭘 잘못했나 싶어서 혼자 전전긍긍하고 그랬어요. 그러면서 이런 게 부모의 마음이겠구나 했어요. 이런 얘기로 부모 세미나를 시작하면 부모님들의 마음이 열리는 걸 봅니다. 그러면 동생을 제게 보내신 하나님의 마음을 알게 되지요. '아, 이런 이유가 있었구나. 내가 동생을 키워야 할 이유가 있었구나' 하고 혼자 속으로 놀라곤 합니다.

동생이 다니던 버지니아텍에서 조승희 사건이 터졌을 때 제가 방송과 칼럼을 통해서 가장 적절한 상담전문가로 주목을 받게 되었습니다. 이때도 하나님이 제가 미국에서 동생을 키운 경험을 사용하시는 것을 느꼈습니다. 물론 당시 미국 사회에는 저처럼 이중 언어와 이중 문화를 잘 아는 상담자가 드물었고 또 제가 10여 년간 대학과 전문상담기관에서 경력을 쌓아서 신뢰받을 만하기도 했습니다. 더구나 제게는 단순히 학문적으로 임상적으로 쌓은 경험 외에 동생을 키운 중요한 경험이 있습니다. 이것은 다른 상담자들에게는 없는 특별한 경험이지요. 바로 이것이 이민자 가정의 어려움과 세대 간의 갈등을 현실감 있게 분석해 내는 나의 특별한 능력이 된 것입니다.

제가 동생을 잘 돌볼 수 있는 힘, 어려움을 이겨나갈 수 있는 힘은 모두 엄마의 기도에서 나왔습니다. 엄마는 늘 그러셨죠.

"내가 너에게 돈은 줄 수 없지만 기도 계좌에다 기도를 많이 쌓아둘 테니 필요할 때마다 아무 걱정 없이 꺼내 쓰렴."

이렇게 든든한 백이 있으니 제가 어떻게 자존감이 낮아질 수 있겠습니까? 저의 건강한 자존감의 비밀은 엄마의 기도였습니다.

막내아들 김명현 학교전문상담
"누나가 집에 오면 한 시간만 혼자 있게 해줄래?"
서로 배려하는 가족애 배우다

열다섯 살 때 미국에 갔는데 그땐 영어를 한 마디도 못했어요. 심지어는 제 영어 이름이 폴(Paul)인데 맨날 Pual로 쓰고 다녔어요. 나중에 그게 제 별명이 됐지요. 저는 그렇게 아무것도 몰랐고 더구나 소심해서 부끄러움도 많았어요. 그러나 고맙게도 누나가 부모님한테 배운 걸 저한테 그대로 해주었어요. 누나는 모든 상황에 대해서 설명을 잘해 줬어요. 그리고 늘 없는 걸 보지 말고 있는 걸 보고 감사하라는 말을 많이 해주었지요. 그래서 전 부족하다는 걸 거의 모르고 살았습니다.

지금도 고마운 기억이 많은데, 제가 운동을 좋아해서 풋볼하고 레슬링을 하기 위해 원정경기를 많이 다녔어요. 선수들 중에는 언제나 가족 단위로 다니는 선수가 있었는데 그게 늘 부러웠습니다. 전 늘 혼자였으니까요. 그러던 어느 날 관중석에 누나가 앉아 있는 거예요. 우리 누나처럼 바쁜 사람도 없거든요. 석사공부하랴, 학비와 생활비 벌랴, 더구나 내 학비까지 벌어야 했으니 누나는 늘 잠이 부족했고 피곤했죠. 그런데도 레슬링 경기를 보러 와주곤 했어요. 저 기죽지 말라고 응원할 때도 얼마나 오버를 하는지 몰라요. 관중석에서 제일 시끄러웠어요. 그 모습이 우습기도 하고 정말 고마웠어요. 저의 경기 장면을 비디오카메라로 찍어서 부모님께 보내 드리기도 했죠.

누나는 성교육도 해줬어요. 제가 미국에 도착하자마자 누나는 여자와 남자의 차이점을 설명해 주었어요. 미국 애들은 성적으로 굉장히 빠르기 때문에 제가 아이들과 지내면서 당황할까 봐 그런 거죠. 자세하게 그림까지 그려 가며 "이게 바로 하나님이 창조하신 원리다"라고 설명해 주었어요.

지금까지 기억하는 게 여자의 생리에 대해 설명한 거였어요. 누나는 "한 달에 한 번씩은 내가 아무런 이유 없이 기분이 안 좋을 거다. 그러면 내가 생리를 하는 거니까 건드리지 말고 네가 알아서 이해하고 피해라"고 했어요. 누나가 미리 설명하지 않았다면 갑자기 돌변하는 누나 때문에 상처를 많이 받았을 텐데 잘 넘길 수 있었어요.

누나는 유명한 상담센터에서 일했는데 상담전문가이다 보니 힘든 사람들을 많이 만났어요. 집에 돌아올 때면 지친 모습이 역력했죠. 그럴 때도 누나는 짜증을 내는 게 아니라 "내가 하루 종일 밖에서 만나는 사람들이 너무 힘든 사람들이라서 집에 오면 좀 쉬어야 하니까 내가 집에 오면 한 시간만 혼자 있게 해줄래?" 하고 미리 상황을 설명해 주었어요. 그런 누나 덕분에 저도 하고 싶은 말이 있어도 기다렸다가 하게 되고 서로 배려하며 사는 법을 배웠습니다. 보통 동생 누나 지간이니까 언제든지 투정도 부리고 떼도 쓰고 그렇게 되는데, 우린 그러지 않았어요. 어린 동생이라도 나이 많은 사람을 배려할 줄 알아야 하고 그것이 가족이 더 사랑할 수 있고 더 성숙한 관계를 가질 수 있다는 걸 일찍부터 알게 됐죠.

한국에는 부모님이, 미국에는 하나님이

부모님 곁을 떠나 살면서 가족뿐 아니라 저 자신에 대해서 좀 더 냉정하게 바라볼 수 있었습니다. 누나는 제가 느낀 것에 대해서 얘기하면 그건 좋다, 나쁘다 평가하지 않고 제 느낌을 그대로 받아 주었습니다.

"아, 넌 그렇게 느꼈니?"

누나가 이렇게 반응해 주어서 저는 저도 몰랐던 저의 특성을 알게 된 것 같아요. 내가 다른 사람과 다를 수 있다는 것, 또 다른 특성이 있다는 걸 알게 된 거죠.

그런데 그게 탁월한 상담자의 출발선이에요. 제가 대학원에서 상담학 공부를 했는데 교수님이 처음 하신 말씀이 "앞으로 2년 동안 석사과정에서 알아야 할 게 딱 한 가지인데 그것은 바로 나 자신"이라고 하셨죠. 나 자신을 모르면 다른 사람들을 절대 객관적으로 보지 못한다는 겁니다. 누나는 그때 이미 세계적인 상담자의 길을 걷고 있었고, 저는 그런 누나에게 너무나 많은 사랑과 보살핌을 받았습니다. 그리고 상담을 통해 다른 영혼을 섬기는 일이 얼마나 중요하고 필요한 것인지를 배웠습니다. 누나는 정말 탁월한 부모였어요.

물론 저도 열여섯 살 때까지는 부모님이 너무 보고 싶어서 침대에서 많이 울었습니다. 누나가 그러는데 자기 방에 누워 있으면 밤마다 제 방에서 울음소리가 들리곤 했답니다. 정말 집으로 돌아가고 싶어서 밤마다 울었습니다. 그래도 참을 수 있었던 건 멀리 떨어져 지내도 우리 가족은 하나님을 중심으로 늘 서로 사랑하고 있다는 확신이 있었기 때문입니다. 부모님이 몸소 하나님 우선의 삶을 살고 있었고, 우리한테도 그렇게 살라고 가르치셨거든요. 아버지는 늘 이렇게 말씀하셨어요.

"믿음을 갖게 되면 그걸 쓸 수밖에 없는 상황이 온단다."

그 말씀은 정확했어요. 제가 부모님과 떨어져 있다는 것 자체가 부모님보다 먼저 하나님을 온전히 의지하는가를 실험해야 하는 상황이었고, 그 믿음이 아니면 하루도 버틸 수 없는 일들이 날마다 생겼거든요. 그럴 때 믿음을 가지고 하나님을 의지하면 너무나 빠르고 정확하게 모든 것을 예비하시는 하나님을 매 순간 체험할 수 있었습니다.

제가 만일 부모님 곁에서 자랐다면 기도도 어머니께 의지해서 했을 것이고 말씀 보는 것도 게을리 했을 거예요. 어쩌면 부모님의 하나님과 나 사이에서 방황하는 수많은 청소년들과 다르지 않았을 것입니다. 하지만 부모님 곁을 떠나서 누나와 함께 독립적으로 살았기 때문에 나의 하나님을 더 확실하게, 그리고 더 빨리 만날 수 있었다고 생각합니다.

그래서 나중에는 재미있는 일도 있었어요. 대학원에서 상담학 공부를 하는데 교수님 말씀대로 첫 학기에는 줄곧 자기 자신에 대한 프로젝트만 진행되었습니다. 별의별 질문을 다 받고 온갖 것을 다 기억해 내야 하는 힘든 과정이었죠. 그중 하나가 가족에 대한 나의 생각을 정리하는 거였어요. 2주 동안 가족에 대한 생각을 정리하고 다섯 장짜리 보고서를 만들어 수업 시간에 프레젠테이션을 진행하는 것이었습니다. 그런데 완성된 내 보고서를 보고 있자니 어쩐지 뭔가 중요한 것이 빠졌다는 생각이 들었습니다. 아무리 생각해도 무엇이 빠졌는지 알 수가 없어서 다른 친구들의 보고서를 봤더니 기가 막히게도 가족관계도에 부모님이 빠져 있었습니다. 그 사실이 너무 놀랍기도 하고 한국에 계신 부모님께 죄송하기도 해서 교수님을 찾아가 상담을 받았습니다. 그 결과 저도 몰랐던 사실을 알게 되었습니다.

"한국에는 부모님이, 미국에는 하나님이 계시다."

비행기를 타고 미국 땅에 온 순간부터 저는 무의식적으로 부모님이 없다는 생각을 하고 있었던 겁니다. 어머니가 언젠가 부모를 떠나면 고아라고 말씀하신 적이 있습니다. 아마도 일부러 그렇게 말씀하신 것 같아요. 왜냐면 제가 미국에서도 부모님을 생각하면 마음이 약해지고 힘들어지니까 하나님만 믿고 매달리라고 그러신 것 같습니다. 그 말씀이 제 안에 박혀서 '미국에는 부모님이 없다'는 무의식이 형성된 것이죠. 나중에 어머니가 이 얘기를 듣고 몹시 가슴 아파 하셨습니다. 그 얘기를 듣기가 참 힘들었을 텐데 어머니는 그저 우시면서 "네가 맞다"고 인정해 주셨습니다.

"너도 그렇게 살았구나. 엄마도 그랬는데… 엄마도 과부와 고아를 특별히 더 사랑하시는 하나님께 늘 '우리 아이들은 고아이니 하나님이 더 특별하게 지켜주세요'라고 기도하면서 견딜 수 있었단다."

그렇게 대학원을 졸업하고 청소년들을 위한 상담사로 3년간 일을 했습니다. 그때 하나님께 정말 감사했습니다. 부모에 대한 원망으로 가득 차 있는 반항기의 아이들에게 저의 힘겹던 홀로서기가 도전이 되고 위로가 되었기 때문입니다. '이 자리에 서게 하려고 하나님이 날 미국으로 보내셨구나'를 깨닫던 순간입니다.

빵점 엄마의 맡기는 교육 8 - 자녀의 홀로서기를 도우라

어머니의 기도가 자녀를 살린다
어머니는 우리가 어렸을 때부터 어디를 가든 때에 따라 필요한 도움을 주변에서 받게 해달라고 기도하셨다. 그래서 나는 열일곱 살에 미국 유학길에 올랐을 때부터 지금까지 '엄마 기도 덕분에 이번에도 아무 이유 없이 혜택을 받는구나' 싶을 때가 많았다. 아르바이트도 편안한 사무실에서 할 수 있었고, 기대치 않게 전액 장학금을 받게 되었고, 나보다 실적이 좋은 사람을 제치고 승진이 되기도 했다. 비록 몸은 멀리 떨어져 있어도 부모님의 기도에 응답하시는 하나님의 인도로 우리 가족은 늘 함께했다.

자녀는 엄마가 사는 모습 그대로 산다
15년간 동생을 데리고 살면서 나는 자연스럽게 부모의 심정을 헤아릴 수 있었다. 동생이 아침을 거르고 학교에 가는 날이면 하루 종일 일이 손에 안 잡혔고, 사춘기를 지나는 동생이 아무 말 없이 자기 방에 들어가면 기분을 살피느라 전전긍긍했다. 나도 공부해야 하는 처지이면서 생활비와 동생의 등록금까지 벌어야 했기 때문에 나는 늘 잠이 부족할 만큼 피곤했다. 그러나 오히려 엄마도 평생을 그렇게 살았기 때문에 당연히 그래야 한다고 생각했다.

독립적으로 살아서 감사하다
나는 미국 땅에 온 순간부터 무의식적으로 '미국에는 부모님이 없다. 하나님만 있다'고 생각했다. 내가 만일 부모님 곁에서 자랐다면 기도도 어머니께 의지해서 했을 것이고 말씀 보는 것도 게을리 했을 것이다. 부모님의 하나님과 나 사이에서 방황하는 수많은 청소년들과 다르지 않았을 것이다. 그러나 부모님 곁을 떠나 누나와 함께 독립적으로 살았기 때문에 나의 하나님을 더 확실하게, 그리고 더 빨리 만날 수 있었다.

Chapter 9

자녀들이 기억하는
'빵점 엄마, 100점 엄마'

"어머니는 우리와 대화하는 걸 가장 중요하게 생각하셨다.
대화가 막히면 하나님의 마음이 들어가는 것도 막힌다고 생각해서 그랬다.
어머니는 우리가 귀고리를 하고 염색을 하고 난리를 쳐도 하나님 마음만 들어가면
언젠가 반드시 돌아온다고 믿으셨다. 그래서 어머니의 기준은 늘 한 가지였다.
'지금 이 상황에서 무엇을 지켜야 하는가, 다 지킬 수 없다면
소통의 창구를 지켜야 한다'였다."

큰아들 김명은 목사
부모의 권위로 막지 않고
끝까지 자녀를 기다려 주신 어머니

미국의 청소년들은 술 담배를 일찍부터 배워요. 나는 어느 날 파티에 초대되어 갔다가 친구들이 술 마시는 것을 보고 어머니한테 솔직히 내 마음을 표현했습니다.

"어렸을 때부터 술을 마시면 안 된다고 배웠는데 솔직히 한번 마셔 보고 싶어요."

그런데 어머니는 의외로 순순히 마셔 보라는 거예요. 그러자 제가 오히려 마시면 안 되겠다 싶더라고요.

"나는 마시고 싶은데 누군가가 못 마시게 막는 것 같아요. 왜 못 마시는지 모르겠어요."

그러자 어머니는 "네가 마시고 싶으면 마셔도 되는데 성령님께서 너의 마음 가운데서 막으시니까 너도 그런 마음이 드는 거야" 하면서 "그래도 네가 하고 싶으면 해봐도 괜찮다" 하셨어요.

어머니가 괜찮다고 하니까 오히려 흥미가 떨어지더라고요. 부모님이 하지 말라고 하면 더 하고 싶은 게 사춘기의 심리인데 어머니는 아마 그것을 아셨던 모양이에요. 어머니와 솔직한 대화를 주고받은 뒤로 술 담배에 대한 생각을 깨끗이 정리할 수 있었습니다.

미국에서 대학을 다닐 때 방학이면 한국에 와서 영어를 가르쳤는데, 강사들끼리 모이면 으레 술자리가 벌어졌습니다. 그때 하나님이 지혜를 주셔서 가자마자 콜라 다섯 병을 주문해서 남들이 술을 마실 때 콜라를 마셨어요. 그것도 아주 유쾌하게. 당시 원장 선생님이 장로님이셨는데 그분이 나중에 "김 선생 신앙이 대단한데. 장로인 나는 물론이고 집사들도 그런 자리에선 술을 마시는데…" 하시더군요.

어머니는 비단 이 문제뿐 아니라 다른 문제에 대해서도 이래라 저래라 강요하지 않으셨어요. 먼저 우리 생각을 물어보고 스스로 판단해서 결정하게 하셨지요. 심지어 매를 맞을 때도 몇 대를 맞을지 제가 결정하게 하셨어요. 코흘리개 때부터 어머니는 "너 잘못했지? 몇 대 맞을래?" 물어보셨어요. 그러면 저는 왜 그랬는지 모르지만 항상

"20대 때리세요" 했어요. 어머니는 제가 열 살 남짓됐을 때도 아주 중요한 문제를 스스로 결정하게 하셨어요. 대신 그 모든 것에 대한 책임도 스스로 지게 하셨죠. 만일 어머니와 한 약속을 못 지켰을 때는 체벌을 하셨어요. 그리고 저는 당연히 맞아야 한다고 생각했어요.

한창 반항심이 강할 고등학교 때도 어머니는 제게 "너는 목사 아들이니까, 넌 믿는 사람이니까 이렇게 해야지"라고 말씀하신 적이 없어요. 그저 부모님의 상황, 저의 상황 그리고 성도들의 입장에 대해 제가 설득될 때까지 대화로 말씀하셨지요. 그런 얘기를 나누느라 어머니와 밤을 새운 적도 많았어요. 어머니는 제가 완전히 납득할 때까지 기다려 주셨고 묻는 질문에 성실하게 대답해 주셨습니다.

저는 대학에서 수학을 전공했습니다. 수학과 출신들은 주로 은행에 취직하는 것 같더라고요. 은행원이 되면 적어도 아버지처럼 목회해서 가난하게 살지는 않을 것 같아서 수학과를 선택한 것입니다.

그런데 대학 3학년 때 기도 중에 하나님께서 꿈을 보여 주셨는데 제가 원하던 일을 하는 꿈이었어요. 주식이나 펀드 시장의 데이터를 분석하고 예측 자료를 만들어 내는 일이었죠. 실제로 은행에 가서 그 사람들을 보면 와이셔츠 주머니에 계산기와 색깔 펜 대여섯 개 꽂고 정신없이 왔다갔다 하더군요. 그런데 그 일을 하는 제 모습이 너무나 허무하고 볼품이 없어 보이더라고요

그리고 다음 날 매일 듣는 수업을 들어갔는데 '아, 이건 아니다'

하는 생각이 들었어요. 그래서 바로 기도했어요.

"하나님, 목사는 너무 힘들 것 같아서 싫은데 그렇다고 이렇게 힘들게 공부해서 꿈에 본 그런 일을 하는 것도 아닌 것 같습니다. 주님, 제가 무엇을 해야 할까요?"

이런 기도를 하던 중 여름방학이 되어 한국에 돌아가 어머니와 이 문제로 의논했어요. 저희 부모님, 특히 어머니는 우리가 어떤 말을 해도 책망하거나 화내시지 않았어요. 다른 부모들 같으면 "지금 뭐 하는 거냐? 졸업을 앞두고 이제 와서 전공을 바꾸겠다는 게 말이 되느냐?"고 혼내실 텐데 어머니는 오히려 저를 위로해 주셨습니다.

"하나님이 너를 어떻게 인도하실지 모르지만 네가 어렸을 때부터 음악을 좋아하고 피아노도 잘 쳤는데 음악을 한번 해보면 어떻겠니?"

그 말을 듣는데 제 마음이 완전히 날아갈 듯한 거예요. 더구나 음악 공부는 무엇보다 돈이 많이 들어요. 물론 부모님이 지원해 주실 상황도 아니고 저도 그걸 감당할 자신이 없었어요. 하지만 어머니는 현실이 아닌 제 꿈을 지지해 주셨습니다. 어머니의 격려에 힘입어 저는 전공을 바꿔 음악 공부를 할 수 있었습니다.

또 신학을 공부한다고 했을 때도 "혹시 아버지가 목사라고 너도 그냥 그 길을 가려는 거면 가지 말라"고 말씀하셨을 뿐 저의 결정을 반대하지도 의심하지도 않으셨지요.

이렇듯 어머니는 늘 믿음으로 지원해 주셨고, 덕분에 저는 돈 벌 욕심으로 시작한 수학 공부를 그만두고 지금은 미국 교회에서 음악 목사로 청년들을 섬기고 있었습니다. 특히 한인 1.5세와 2세들을 위한 목회를 하고 있습니다.

지금도 늘 "목사로서 주의 종이 되어야지 물질의 종이 되어선 안 된다. 물질에 욕심이 생기면 언제든지 그만두고 돈 버는 일을 해야지. 그러나 주의 종은 주님이 책임지신다"는 어머님을 통한 하나님의 격려가 저를 물질로부터 자유케 합니다.

자녀들이 기억하는 엄마(큰아들 김명은) - 언제나 자녀를 존중하셨다

자녀의 결정을 존중하고 스스로 책임지도록 가르치라
어머니는 아무리 사소한 일이라도 이래라 저래라 강요하시는 법이 없었다. 반드시 "네 생각은 어떠냐?"고 물어보고 스스로 결정하도록 하셨다. 사춘기 때 호기심이 생겨서 술 담배를 해도 되겠느냐고 여쭤 보았을 때 어머니는 하고 싶다면 해보라고 하셨다. 어머니의 반응이 너무 싱거워서 그랬는지 나는 갑자기 흥미가 떨어져서 술 담배를 하지 않게 되었다. 대학에서 수학과를 전공하겠다고 했을 때도, 중도하차하고 음악을 공부하겠다고 했을 때도 어머니는 책망하시는 법이 없었고 나의 결정을 철저하게 존중해 주셨다.

강요하지 말고 설득하라
사춘기 때 나는 자주 반항했는데 그때마다 어머니는 절대 '목사 아들이니까', '믿는 사람이니까' 하면서 나를 찍어 누르려 하지 않으셨다. 부모님의 상황과 나의 상황, 성도들의 입장을 설명하면서 나를 설득시키셨다. 밤을 새워서라도 내가 완전히 납득할 때까지 대화로 설득하셨다.

딸 김명화 교수
원칙은 분명하게, 적용은 유연하게

제가 초등학교 1학년 때 교회 유치원 놀이터에서 놀다가 쇠에 눈을 부딪혀 눈이 퉁퉁 부은 일이 있습니다. 정신이 아득할 정도로 아프기도 했지만 어린 마음에 오늘은 학교 안 가도 되겠다 싶어 속으로 좋아했습니다. 엄마에게 달려가 울먹이며 "엄마, 나 얼굴을 많이 다쳤어요" 하고 응석을 부리자 엄마가 깜짝 놀라며 "어휴! 이런! 많이 다쳤네. 아휴 얼마나 아팠어. 조심해야지" 하며 만져 주셨죠. 전 속으로 확신했습니다.

'옳다구나. 오늘 학교 안 가겠다. 신난다!'

그런데 웬걸, 제 상처를 어루만지던 어머니가 급히 부엌으로 가더니 달걀을 가지고 오시는 거예요. 그러고는 말씀하셨죠.

"이걸 문지르면서 학교에 가거라. 열심히 문지르면 학교에 도착할 때쯤이면 아무렇지도 않게 될 거다. 아무리 아파도 학교는 가야지, 그치?"

제 눈을 빤히 들여다보며 이렇게 말씀하시는데 학교 가지 못하겠다는 말을 차마 할 수가 없었습니다.
어머니는 학교를 빠지면 안 된다는 원칙이 확실하셨지만 그 원칙을 강압적으로 강요하시지는 않았습니다. 어떤 경우에도 이런 지혜로운 방법과 온화한 말씀으로 그 원칙을 따라가도록 도와주셨지요. 아마 어머니도 어린 제가 다친 걸 핑계로 학교에 가지 않으려 한다는 걸 눈치 채셨을 겁니다.
그런 경우 많은 어머니들은 직설적으로 "너 지금 학교 가기 싫어서 엄살을 부리는 거지?" 하고 말합니다. 그런데 이때 아이에겐 두 가지 상처가 생깁니다. 하나는 다쳐서 아픈 것에 대한 위로를 받지 못해 생기는 외로움입니다. 외로움은 잠재된 상처로 다른 상처와 겹쳐졌을 때 우울증 등으로 발전하게 됩니다. 다른 하나는 당연히 생각할 수 있는 일상적인 '꾀'가 엄마의 말에 의해 '나쁜 짓'으로 규정되는 것입니다. 그러면 아이들의 내면에 죄책감이 생기게 됩니다.
그런데 저희 어머니는 교육학을 공부하신 것도 아니고 그런 책을 많이 읽으신 것도 아닌데 언제나 저희들의 잘못을 지적하기보다 모르는 척하면서 해야 할 일을 하도록 이끄셨습니다.

지금 제가 아이들과 가정의 상처를 전문적으로 다루는 교육전문가가 되어서 보니까 그런 어머니가 참 신기하고 새롭게 보입니다. 어머니는 전문적으로 공부하신 적도 없는데 어떻게 그런 교육학적으로 최상인 해결책을 찾아내신 것일까 하는 의문이 듭니다. 그런데 아무리 생각해 봐도 어머니에겐 성경 말씀밖에 없습니다. 집에서나 교회에서나 틈만 나면 말씀을 읽고 기도하시는 게 전부였지요. 그러니까 어머니가 늘 읽는 성경에서 그런 지혜를 찾아냈다고밖에 볼 수가 없는 것입니다. 그래서 저는 어머니를 존경하고 사랑하는 동시에 어머니를 따라 성경 말씀에 순종하게 되었습니다.

아이들은 가끔 학교에 가기 싫어서 꾀를 부립니다. 그건 어느 세대를 막론하고 어릴 때 겪는 과정입니다. 옛날 부모님들은 너무 강압적으로 학교에 보내서 문제였는데 요즘 부모님들은 오히려 학교 결석을 너무 쉽게 생각해서 문제인 것 같습니다. 학교교육을 사교육보다 소홀히 여기는 사회 분위기도 한몫했을 것입니다. 그런데 학교를 빼먹는 일은 절대 생각할 수 없었던 저 같은 사람에겐 요즘 부모들의 행동은 이해하기 힘듭니다.

저는 어렸을 때 어머니로부터 학교를 다니는 일은 어린 아이가 누릴 수 있는 최고의 즐거움이고 특권이라고 배웠습니다. 어머니는 "일꾼이 일하지 않으면 밥 먹을 권리가 없듯이 학생이 학교에 가지 않으면 밥을 먹어선 안 된다"고 하셨습니다. 학교 결석에 관한 한 정말 기준이 엄하셨어요.

사실 학교를 다닐 수 있는 나이는 정해져 있고 우리는 학교에서 평생을 살아갈 지식적, 인간적 영양분을 얻습니다. 그런데 한국에선 부모님들이 아이들의 교육을 집에서 책임 있게 해내는 것도 아니면서 아이들의 특권인 교육이 이루어지는 학교를 너무 불신하고 가볍게 여기는 게 아닌가 생각합니다. 저는 학교 다닐 때가 가장 즐겁고 재미있었습니다. 그런 기억 때문에 공부를 계속할 수 있었고 결국은 다른 직업보다 학문을 연구하는 대학 교수가 된 게 아닌가 생각해 봅니다. 그런 점에서 학교 가는 것을 먹는 것보다 더 중요하게 가르치신 어머니께 늘 감사드립니다.

부지런한 한국 어머니의 표상

한국 어머니들은 정말 부지런합니다. 저희 어머니도 그러셨습니다. 그런 어머니를 보면서 '아, 나는 어머니가 될 수 있을까. 아무래도 어려울 것 같아' 하고 고개를 젓곤 했지요. 어머니는 자녀와 남편 그리고 가정을 위해 희생하는 어머니의 전형이었습니다. 저는 사실 한 아이의 엄마가 되었지만 어머니처럼 희생적이지 않습니다.

저희 어머니는 정말 가족을 위해 늘 자신의 모든 걸 희생하면서 사셨습니다. 희생적인 어머니들의 특징은 많은 사람이 해야 할 일을 혼자서 다한다는 것입니다. 어머니는 아내이면서 어머니이면서 동시에 가난하고 늘 많은 문제를 안고 사는 성도들을 보살피는 사모이기도 했습니다. 더구나 미국에서는 공부하는 남편과 아이들을 위해 학비와 생활비를 버는 직장인이기도 했습니다. 이렇게 가족과 이웃과 성도들을 섬기느라 어머니는 아무것도 누려 본 적이 없습니다.

무엇보다 감동적인 건 그런 벅찬 일상 속에서도 늘 새벽기도를 하시고 성경을 손에서 놓으신 적이 없다는 것이죠. 저는 그런 어머니를 보면서 늘 저의 부족함을 돌아보게 되었고 어머니를 닮으려고 노력했습니다.

저는 어릴 때 어머니한테 "엄마는 오빠만 좋아한다"는 말을 많이 했습니다. 사실 피아노를 배우고 싶어서 그랬는데 어머니는 오빠만 피아노 학원에 보내시고 저는 보내 주지 않았거든요. 어릴 때는 그게 너무 이해가 안 되고 납득할 수 없었습니다.

당시는 지금은 교회 화장실이 된 비좁은 단칸방에서 부모님과 저희 삼 남매가 살던 때입니다. 책상도 없이 엎드려서 숙제를 하거나 책을 읽어야 했고 밥에 김치 하나만 있어도 먹을 수만 있으면 불평할 수 없는 형편이었죠. 아버지는 어려운 교회 성도를 만나면 한 벌밖에 없는 양복 윗도리도 벗어 주고 오시는 분이었고 어머니도 우리는 굶더라도 성도들이 굶는 것은 못 보셨습니다.

그런 형편에서도 어머니는 오빠를 피아노 학원에 보내셨습니다. '하나님의 자녀는 찬양을 해야 하니까' 자녀 중에 대표로 오빠를 피아노 학원에 보내신 것입니다. 그런 어머니의 속 깊은 마음을 몰랐던 저는 엄마가 오빠만 사랑한다고 생각할 수밖에 없었죠.

그러다가 저희 집이 정말로 가난하다는 사실을 알게 된 건 외국인학교를 다니면서부터였습니다. 외국인학교에 다니는 친구들은 대개 부자였는데 저는 부잣집을 한 번도 가 본 적이 없기 때문에 부자가 뭔지 가난한 게 뭔지 몰랐습니다. 한 번도 부자들이 어떻게 사는지 들어 본 적도, 본 적도 없으니까 제가 그 친구들과 얼마나 다른 삶을 살고 있는지 몰랐던 것입니다.

그러던 어느 날 고등학교에서 사귄 친구가 저희 집에 놀러 온 적이 있습니다. 그 친구는 저희 집에 있는 내내 불편한 표정을 지었지요. 내심 너무 놀라서 표정 관리가 안 되었던 거지요. 그때도 저는 '얘가 나와는 좀 다른 환경에서 사는 사람이구나' 하고 생각했을 뿐입니다. 그런데 그때부터 그 친구가 저를 바라보는 눈빛이 달라졌는데 비로소 저를 이해한다는 듯한 눈빛이었어요.

그 친구는 그동안 제가 외국인학교를 다니고 공부도 잘하는데 옷차림이 너무 남루해서 이해할 수 없었던 겁니다. 한창 멋 내기 좋아하는 십대가 남자 옷인지 여자 옷인지 알 수 없는 옷을 입고 다녔으니 말입니다. 그런데 정작 저는 제가 친구들이 이해할 수 없는 옷차림을 하고 있다는 사실조차 몰랐습니다. 참 신기한 일입니다. 사실 저는 여고생이 될 때까지 한 번도 외모에 신경 써 본 적이 없습니다. 다른 사람이 저를 어떤 눈으로 보는지도 생각해 본 적이 없고요. 교회 맨 꼭대기층 발코니에서 다섯 식구가 사는 모습을 보고 친구는 그때까지 그런 삶을 상상조차 해본 적이 없다고 했습니다.

저처럼 예민하고 샘 많은 아이가 그때까지 가난을 느낄 수 없었던 것은 모두 어머니 덕분입니다. 어머니는 늘 부지런히 일하면서 가족을 섬기셨고 우리의 적은 용돈이라도 모아서 가난하고 어려운 이웃을 돕게 하셨기 때문입니다.

나중에 상담을 하면서 만난 어머니들 중에는 자녀를 위해 상담 받으러 오면서 마약에 취해 헤롱헤롱한 모습으로 나타난 어머니가 있는가 하면, 자기 딸을 매춘부로 팔아 양식과 집을 사는 어머니, 자식이 일곱 명 있는데 모두 아버지가 다른 엄마 등 수많은 문제 어머니들이 있었습니다. 모두 우리 어머니와는 다른 어머니들이었습니다. 그런 어머니들을 보면서 우리 어머니가 얼마나 현명하고 따뜻하고 고마운 분인지 새삼 깨달았습니다.

삶과 신앙이 일치했던 어머니

믿음의 가정 안에서 자라는 아이들이 늘 하는 말이 있습니다. 교회와 가정에서 부모님의 얼굴이 너무 다르다는 것이죠. 행동은 물론 목소리까지 완전히 달라서 이중인격자라고 말하는 아이도 많습니다.

하지만 저희 어머니는 언제나 같은 모습이셨어요. 집에서나 교회에서나 늘 뭔가를 하고 계셨고 믿는 사람의 말을 하셨습니다. 어머니는 저희에게도 믿음을 가진 사람으로서 믿은 바를 실천하며 살아야 한다고 말씀하셨습니다. 어머니는 하나님을 전적으로 의지하고 간절히 구하면 후하게 주신다는 것을 저희가 어렸을 때부터 가르치셨습니다. 실제로 뭔가 필요한 것이 있어서 어머니에게 말하면 어머니는 "왜 엄마한테 그러니? 너희가 하늘 아버지께 구해야지" 하셨습니다. "너희 아버지한테 가서 이야기하라" 하셨죠.

하지만 똑같이 교회를 다니고 목회자의 가정이라도 이렇게 말씀하시는 부모님은 그리 많지 않습니다. 그래서 저는 어머니가 너무 인색하신 게 아닌가, 왜 우리 어머니는 다른 어머니랑 다른 걸까 불평하기도 했습니다. 그러나 자라면서 또 제가 직접 기도의 응답을 받으면서 '아 정말 우리 어머니가 지혜로운 분이구나. 진짜 믿음의 어른이구나' 하는 걸 깨닫게 되었습니다. 실제로 어느 순간부터 우리는 우리에게 부모님이 계시는지조차 잊어버릴 만큼 하나님을 의지하는 삶을 살게 되었습니다.

성적보다 인간 됨됨이를 더 중요하게

교회 친구들 중에는 공부 좀 한다 하면 부모님이 많이 봐주는 것 같습니다. 공부에만 전념하도록 차로 학교에 등하교시키고, 심지어 숙제를 부모가 대신 해주기도 합니다.

하지만 저희 어머니는 아무리 공부를 잘하고 똑똑해도 사람을 배려할 줄 모르고 일상생활을 등한시하도록 내버려 두지 않으셨습니다. 방청소며 빨래며 집안일을 돕는 것은 물론 교회 봉사도 게을리 해선 안 된다고 하셨죠.

모든 일을 스스로 하게 하셨고, 특히 저에겐 '여자니까'라는 핑계를 용납하지 않으셨죠. 그래서 운동도 안 해 본 운동이 없습니다. 방과 후에 두세 간씩 운동을 했죠. 친구 어머니들은 그런 저와 저의 어머니를 이해하지 못했어요. 대개 공부 잘하는 친구일수록 운동은 멀리하거든요. 하지만 어머니는 아무리 돈이 없어도 운동화 사주는 돈은 절대 아끼지 않으셨습니다.

그런데 사실 부모들이 모르는 사실이 하나 있는데, 아이들은 공부 잘하는 아이들보다 운동 잘하는 아이들을 더 좋아하고 부러워합니다. 그래서 운동을 잘하면 자연히 아이들이 따르고 아이들 사이에서 리더십이 생겨요. 그런데 제가 다니는 학교가 작다 보니까 운동을 조금만 잘해도 완전 영웅인 거예요.

저희 어머니도 운동을 즐겨 하셨어요. 아버지가 시냇가에서 예쁜 돌을 줍는 스타일이라면 어머니는 청년들과 어울려 농구하고 족구하는 스타일이었죠. 어린 제 눈엔 여자이면서도 운동을 즐기고 잘하는 어머니가 자랑스러웠습니다.

그러므로 무엇을 하든 잘하느냐 못하느냐가 중요한 게 아니라 태도가 중요한 것 같습니다. 그런 어머니의 교육 덕분에 우리는 낯선 땅에서 공부하면서도 자신감을 잃지 않고 오히려 아이들 사이에서 리더십을 인정받는 사람으로 자랄 수 있었습니다.

자신의 꿈을 자녀에게 강요하지 않는 어머니

대부분의 부모는 인생을 앞서 살았다는 이유로 자신의 꿈을 자녀에게 강요하는 경우가 많습니다.

프리미어리거인 박지성 선수의 책을 보면서 공감하는 바가 많았는데, 거기에 보면 한국에서는 축구를 가르칠 때 오른발 왼발 둘 다 잘 쓰게 가르친다고 합니다. 그래서 100점 만점에 85점이 되도록 가르칩니다. 그런데 박지성 선수가 영국에서 축구 신동이라고 불리는 선수들을 보니까 어느 쪽 발이든 잘하는 발에 올인하도록 배우더라는 겁니다. 그래서 축구 신동들을 보면 왼발의 스킬은 70점 정도밖에 안 되어도 오른발의 스킬은 거의 97~98점이라고 합니다. 그 발로 슈

퍼스타가 된다는 거죠. 뭐든지 다 시켜서 원만하게 만드는 게 아니라 아이가 좋아하고 잘하는 것 한 가지에 올인하는 것이 아이도 행복하고 성공적인 삶을 살 확률이 높다는 걸 말해 주는 것입니다.

그런데 우리 나라 교육을 보면 특히 아이의 장래에 관심이 많고 투자도 열정적으로 하는 중상류층일수록 부모가 아이에게 요구하는 것이 너무 많습니다. 그러다 결국에는 아이의 타고난 소질이 뭔지도 모른 채 방황하다가 인생이 불행해지는 경우를 많이 보게 됩니다.

제가 한국에 돌아온 후 저희 어머니는 어려운 형편에도 피아노를 꾸준히 배우게 하셨습니다. 형편도 안 되면서 성적에 전혀 도움이 안 되는 피아노를 가르치는 어머니를 다른 부모들은 이해하기 힘들었을 겁니다. 하지만 어머니는 늘 제게 절대 후회하지 않을 거라고 하셨지요. 그리고 정말 그렇게 되었습니다.

덕분에 미국에서 가는 곳마다 작고 사람이 부족한 개척교회들을 섬기며 반주자로서 활동할 수 있었습니다. 하나님 전에 필요한 자리를 채울 수 있는 능력을 키워 주신 거죠.

원칙을 가르친 뒤에는 자녀의 결정을 존중한다

어머니는 매사 예스와 노가 분명하셨습니다. 제가 초등학교 4~5학년 때쯤에 어머니는 오빠와 함께 저를 불러 앉히고는 술 담배에 대해서 설명한 뒤 절대 이것들을 하면 집에 들어올 수 없다고 못 박으셨습니다.

미국 슈퍼에 가면 술 종류가 특별한 라인에 쭉 펼쳐져 있는데, 어머니는 나쁜 건 보지도 말라고 가르치셨습니다. 우리는 술을 보기만 해도 집에 들어갈 수 없는 줄 알고 이후부터 진짜 술은 보지도 먹지도 않았습니다. 아무리 목회자 가정이라도 우리처럼 술 담배 근처에는 얼씬도 않는 자녀는 없을 것입니다. 우리는 '보지도 먹지도 말라'는 어머니의 엄하신 말씀 때문에 그것에 대해 미련도 호기심도 없었습니다.

하지만 아무리 어려도 무슨 일을 결정할 때 부모님한테 허락을 받고 한 적은 없습니다. 예를 들어, 학교 행사가 늦어져서 친구 집에서 자야 할 일이 생기면 일반적으로 친구들은 집에 전화해서 "엄마 내가 이렇게 해도 될까요?" 하고 의견을 묻습니다. 하지만 저는 "엄마, 제가 이런 상황에 있고, 아무리 생각해도 이렇게 해야 할 것 같아요"라고 말하면 어머니는 "지혜로운 우리 딸이 잘 결정한 걸로 믿을게" 하고 대답하셨습니다. 그걸로 충분했습니다.

그래서 저는 제가 결정한 것에 대해 스스로 책임감을 가졌고, 늘 허락을 받는 다른 친구들보다 자존감이 높았습니다. 실제로 친구들이나 선생님들한테 어른스럽다는 말을 자주 들었는데, 그것은 부모님이 저희를 그렇게 매사에 어른 대접을 해주신 덕분입니다. 어머니는 언제나 나의 결정을 존중해 주었고, 나를 믿는다고 말해 주셨습니다. 아이들은 이런 말을 듣는 만큼 어른스러워지는 게 아닌가 싶습니다.

저희도 가끔 유혹을 받습니다. 어머니가 항상 곁에 있는 건 아니니까요. 하지만 하나님은 항상 계시니까 우리가 거짓말하는 것 같다 싶으면 어머니는 넌지시 이렇게 말씀하셨습니다.

"그 얘기, 성경에 손 얹고 할 수 있어? 하나님이 항상 지켜보시니까 엄마는 너희들이 지혜롭게 잘할 걸로 믿는다."

그 말 한마디면 저희는 꼼짝 못하죠. 늘 더 생각해 보고 결정해야 했고 한 번 더 돌아봐야 했습니다.

대부분의 부모들은 허락해 주는 것으로 자녀에게 엄청난 힘을 행사하려 합니다. 하지만 저희 어머니는 생각이 달랐습니다. 어차피 어머니 뱃속에서 나오면 각자 인생을 살아야 하고, 어머니가 24시간 따라다니면서 대신해 줄 수 없다는 걸 아셨습니다. 그래서 일찌감치 저희끼리도 지혜롭게 모든 상황을 헤쳐 나가도록 스스로 알아서 하게 하셨어요. 그리고 항상 "너는 나보다 지혜로우니까"라는 말씀으로 책임감과 자신감을 심어 주셨습니다.

반항기 딸과 아들을 대하는 법

한국에 다시 왔을 때 저는 한국 나이로 열네 살이었습니다. 부모님이 가야 한다고 하니까 아무 생각 없이 따라왔지만 미국으로 돌려보내 달라고 1년 내내 울었습니다. 미국에서는 아무리 주공아파트라도 각자 방이 있었는데 여기선 다 같이 한 방을 써야 했고, 한국 학교를 가려니 한국말도 안 되어서 한국에서 사는 게 너무 힘들었습니다. 어린 마음에 한국으로 데리고 나온 부모님이 너무 원망스러웠습니다.

그런데 대개 이런 상황에서 부모와 자녀 간의 대화란 거의 다투는 수준이기 쉽습니다. 특히 자아가 강한 사람들은 항상 자기감정을 기준으로 상대를 평가하고 비교합니다. "너는 그래? 나는 이런데", "너만 힘들었니? 너 사고치고 다닐 때 내가 얼마나 고생한 줄 아니?" 하는 식이죠. 결론은 너보다 내가 더 힘들다는 것이고, 그러니 대화는 되지 않고 갈등의 골만 깊어집니다.

그런데 저희 부모님은 그러지 않았습니다. 특히 어머니는 제가 미국 집에 보내 달라고 울고불고하자 제 감정을 인정해 주셨습니다.

"우리 명화 얼마나 힘드니? 갑자기 이런 상황에 오게 된 거, 정말 미안하구나. 마음이 많이 아프지?"

그런 말을 들으면 울다가도 울음을 그치게 되지요. 어머니가 내 마음을 알아준다는데 불평을 더할 수가 없는 겁니다. 사실 아이들이 불평을 하는 이유 중의 하나가 자기 심정을 알아 달라는 건데, 부모들은 그건 인정해 주지 않고 부모 나름의 대안을 내놓으며 훈계만 하려 듭니다. 그러나 아이의 심정을 이해하고 헤아려 주면 이내 잠잠해집니다.

어머니는 그런 역할을 참 잘하셨습니다. 귀 기울여 들어주고 인정해 주고 헤아려 주셨습니다. 그 덕분에 제가 어려운 시간들을 잘 극복할 수 있었다고 생각합니다.

아무리 속상해도 목사님 딸이니까 사람들이 걱정할 정도로 나쁜 짓은 하지 않았습니다. 하지만 나의 의지와는 상관없이 한국에 다시 온 게 화가 나니까 앞머리가 계속 높이 올라갔습니다. 당시 외국인학교에서 앞머리 높이 세우기가 한창 유행이었거든요. 하지만 목회자 자녀가 앞머리를 헤어스프레이로 높이 세워서 다니니까 누가 봐도 날라리였죠. 그런 저를 성도들이 걱정스런 눈빛으로 바라보면 어머니는 항상 저를 변호하셨습니다.

"쟤는 저게 스타일이에요. 생긴 건 저래도 공부도 열심히 하고 할 일 다하고 다녀요. 걱정 없어요."

물론 어머니 눈에도 거슬렸을 겁니다. 하지만 어머니는 나의 헤어스타일이 당시에 내 마음을 표현하는 유일한 방법이라는 걸 아셨습니다. 요즘 제가 그 시절을 떠올리며 "엄마, 내가 그러고 다닐 때 뭐라고 좀 하시지 그랬어요?" 하면 어머니는 "내가 뭐라고 한들 네가 들었겠니? 그 정도로 넘겨준 것만 해도 고마웠다" 그러십니다.

사실 속으로는 부모님이 너무 원망스러웠지만, 어머니가 나서서 나를 변호해 주시니까 '엄마가 나의 방패가 되어 주시는구나' 싶어 어머니가 내 곁에 있다는 사실이 안심되고 고마웠습니다. 반항하면서도 어머니가 고마웠던 겁니다.

남동생의 사춘기 때도 어머니는 지혜롭게 대처하셨습니다. 동생이 미국에 온 뒤였는데 어느 날 머리 염색을 하고 싶다는 겁니다. 당황한 나는 어머니께 전화했지요. 그랬더니 어머니는 이렇게 대답하셨습니다.

"네가 염색약 사다가 해줘라. 하고 싶다는데 해야지. 미국이니까 별 상관없지 않니? 이왕 하는 거 색깔도 튀는 걸로 해보라고 권해주렴."

어머니의 과감함에 다시 한 번 놀랐습니다.
동생의 사춘기는 머리 염색부터 시작되었습니다. 얼마 뒤에는 귀고리를 하고 싶다는 겁니다. 그러자 어머니는 시장에 가서 아이들이 좋아하는 스타일로 귀고리를 잔뜩 사 오셨습니다. 귀고리 하겠다는 아들을 막다가 대화 자체가 막힐까 봐 걱정하셨기 때문입니다. 대화가 막히면 하나님의 마음이 들어가는 것도 막히니까요. 어머니는 귀고리를 하고 염색을 하고 난리를 쳐도 하나님 마음만 들어가면 언제 그랬냐는 듯 원래 모습으로 돌아온다는 것을 믿었습니다. 그렇게 하나님 안에서 모든 일에 확신이 있으셨고 자녀들의 감정을 너그럽게 이해해 주셨죠.

어머니의 기준은 늘 한 가지였습니다. '지금 이 상황에서 무엇을 지켜야 하는가, 다 지킬 수 없다면 소통의 창구를 지켜야 한다'입니다.

그런데 대부분의 부모들은 소통보다 귀고리 못하게 하고 게임 못하게 하는 데 더 목숨을 겁니다. 그러면 하나님 말씀은 한마디도 들어갈 수 없습니다. 어머니는 누구보다 지혜로운 분이었습니다.

자녀들이 기억하는 엄마(딸 김명화) - 하나님만 의지하게 하셨다

원칙은 분명하게, 적용은 유연하게
어머니는 잘못을 지적하기보다 모르는 척하면서 우리가 해야 할 일을 하도록 이끄셨다. 내가 교육전문가가 되어서 보니 어머니는 교육학을 공부한 것도 아니면서 어떻게 그렇게 교육학적으로 최상인 해결책을 찾아내신 것일까 하는 의문이 든다. 그런데 아무리 생각해 봐도 어머니에겐 성경 말씀밖에 없었다. 어머니가 늘 읽는 성경에서 그런 지혜를 찾아냈다고밖에 볼 수가 없는 것이다.

삶과 신앙을 일치시켜라
어머니는 하나님을 전적으로 의지하고 간절히 구하면 후하게 주신다는 것을 우리가 어렸을 때부터 가르치셨다. 우리가 뭔가 필요한 것을 말하면 어머니는 "왜 엄마한테 그러니? 너희 하늘 아버지께 구해라" 하셨다. 어렸을 때는 그런 어머니가 너무 인색하게 여겨졌지만 자라면서 또 내가 직접 기도의 응답을 받으면서 '아 정말 우리 어머니가 지혜로운 분이구나. 진짜 믿음의 어른이구나' 하는 걸 깨닫게 되었다. 실제로 어느 순간부터 우리는 우리에게 부모님이 계시는지조차 잊어버릴 만큼 하나님을 의지하는 삶을 살게 되었다.

스스로 결정하고 책임지게 하라
대부분의 부모들은 허락해 주는 것으로 자녀에게 엄청난 힘을 행사하려고 한다. 하지만 어머니는 어차피 24시간 따라다니면서 대신해 줄 수 없다면 차라리 일찌감치 우리 스스로 모든 상황을 지혜롭게 헤쳐 나가는 게 좋겠다고 생각하셨다. 그래서 어머니는 늘 "너는 나보다 지혜로우니까"라는 말씀으로 책임감과 자신감을 심어 주셨다.

대화가 막히면 하나님도 막힌다
어머니는 우리와 대화하는 걸 가장 중요하게 생각하셨다. 대화가 막히면 하나님의 마음이 들어가는 것도 막힌다고 생각해서 그랬다. 어머니는 우리가 귀고리를 하고 염색을 하고 난리를 쳐도 하나님 마음만 들어가면 언젠가 반드시 돌아온다고 믿으셨다. 그래서 어머니의 기준은 늘 한 가지였다. '지금 이 상황에서 무엇을 지켜야 하는가, 다 지킬 수 없다면 소통의 창구를 지켜야 한다'였다.

막내아들 김명현 학교상담전문가
말로 상처 준 적 없는 어머니

다른 어머니들과 저희 어머니의 가장 두드러지는 차이점은 '말'인 것 같아요. 제가 요즘 청소년 상담을 하고 있는데 아이들이 부모가 던진 말 때문에 상처를 크게 받는 것을 봅니다. 그런데 저희 어머니는 한 번도 저를 힘들게 하는 말을 하지 않으셨어요. 아무리 화가 나도 하실 말씀은 분명히 하시되 지나친 표현이나 감정적인 말을 하신 적이 없습니다. 욕은 한 번도 들어 본 적이 없고 저의 자존심을 건드리는 말도 하신 적이 없습니다. 그것이 저희 어머니의 가장 큰 특징이죠.

한국 학교에서 생활하다 보니 선생님들의 모습에서 안타까운 점을 많이 발견하게 됩니다. 아무리 어려도 학생들에게 선생님의 기분에 따라 말하는 것은 옳지 않습니다. 그러면 아이가 아무리 잘못을 했어도 수긍하지 않습니다. 말로는 네네 하고 대답하지만 마음으로는 절대 수긍하지 않는 것이지요.

　그래서 주님께서 저에게 가르쳐 주신 지혜가 있습니다. 바로 존댓말을 하는 것입니다. 아무리 화가 나고, 또 아이가 아무리 한심한 짓을 했다 해도 저는 최선을 다해 정중하게 존댓말로 이야기합니다. 그랬더니 너무 신기하게도 아이들이 저를 존중하고 솔직하게 대해 주더군요. 자기를 이렇게 존중해 준 사람이 없었다면서요. 이렇듯 아이들은 존중받으면 존중해 줄 줄 압니다.

　많이 잘못한 아이일수록 '어, 이 사람이 지금 나한테 화를 내고 욕을 해야 하는데 존댓말을 하네?' 하고 의아해합니다. 그런데 돌아보면 저희 어머니가 저에게 이렇게 대해 주셨습니다. 어머니는 엄할 때는 무척 엄하시지만 절대 감정적으로 저희를 대하신 적이 없습니다.

　초등학교 4학년 때였을 겁니다. 친한 친구와 학교에서 돌아오는 길에 문구점 앞에서 게임을 한 적이 있습니다. 당연히 그런 건 하면 안 된다고 듣고 자랐지만 장난기가 발동한 거죠. 어릴 때는 친한 친구하고 있으면 겁나는 게 없잖아요. 그래서 둘이 신나게 게임을 하다가 마침 그 길을 지나가시던 친구 아버지께 들키고 말았습니다. 그러자 친구 아버지는 몹시 화가 난 표정으로 친구를 불렀습니다. 순간 친구의 얼굴이 하얘졌고 친구 아버지는 그 자리에서 친구를 심하게 혼내셨습니다. 지나가던 학교 친구들과 동생들, 형들이 다 지켜보는 자리에서 친구는 얼굴이 벌게져서 혼나고 있었습니다. 그 모습이 얼마나 안쓰러웠던지 친구 아버지가 너무나 원망스러웠습니다.

지금 상담가가 되어 그때의 일을 생각하면 지금도 그 친구의 수치심이 전해 오는 것 같습니다. 그런 부모 손에서 자란 아이들은 자존감이 없습니다. 그 친구는 지금 어떻게 됐을까 걱정이 됩니다.

어머니는 저를 혼내실 일이 있으면 언제나 일대일로 하셨습니다. 정말 호되게 혼이 났죠. 그래서 어머니가 저를 부르실 때는 늘 조마조마했어요. 정말 따끔하게 혼을 내시고 때로는 종아리를 맞을 때도 있었죠. 하지만 혼을 내신 후에는 털어 버리고 다시 시작하라고 격려하시고 사랑한다고 말씀하시고 또 안아 주면서 이렇게 말씀해 주셨어요.

"비록 네가 잘못은 했지만 나쁜 사람이어서가 아니라 실수를 한 거니까 엄마도 이해해. 사람은 부족한 존재니까 그런 거야. 하지만 우린 아름다운 하나님의 형상을 따라 지음 받았다는 걸 기억하며 늘 하나님의 성품을 닮아 가도록 기도하고 노력해야 해. 그러면 실수를 습관적으로 반복하지 않게 되고, 나중에는 지혜롭고 훌륭한 사람이 될 수 있단다. 명현이는 충분히 그런 사람이 될 수 있고 또 그렇게 되도록 지음 받았다는 걸 잊으면 안 된다."

이런 말을 듣고 나면 언제 혼이 났는지 생각도 나지 않을 만큼 마음이 개운해지고 스스로도 다시는 그러지 말아야겠다고 생각하게 됩니다. 친구와 저는 정말 다른 부모님 밑에서 자란 거죠.

요즘 아이들과 저를 비교해 보면, 제가 교회를 섬기는 부모님 밑에서 자란 것이 정말 운이 좋았구나 하는 생각을 하지 않을 수 없습니다. 한국엔 지적으로 뛰어난 청소년들이 많지만, 성취한 것이 많은 만큼 말 못 할 고민도 많고 남에게 내보일 수 없는 상처도 많다는 걸 알게 되었습니다. 그런 아이들의 대표적인 예가 대학의 같은 과 동급생이던 조승희(버지니아텍 총격 사건의 주인공)였죠. 그 아이는 정말 집안도 남들의 부러움을 살 만큼 좋았고 머리도 뛰어난 아이였지만 끔찍한 상처를 해결하지 못해 자신과 친구들과 자신이 살아온 사회에 씻을 수 없는 상처를 주고 말았죠.

저희 어머니 같은 부모 밑에서 자란 사람은 조승희의 아픔과 상처를 전혀 이해할 수가 없죠. 저는 어릴 때부터 가족이 아닌 다른 사람들과 함께 살아야 했고 그 사이에서 서로 사랑하고 배려하며 예절을 지키는 걸 자연스럽게 몸에 익혔습니다. 내가 공부를 해야 한다고 해서, 혹은 공부 좀 한다고 해서 공동체 생활이 뒷전이 된 적은 없었어요. 내 공부가, 혹은 내 재능이 사람들을 배려하고 사랑하는 일보다 더 중요하다고 배운 적이 없으니까요. 오히려 내 개인의 성취나 만족감보다는 다른 사람의 고통이나 아픔을 먼저 해결하도록 배웠습니다. 온 가족이 가난한 이웃을 돕는 일에 한 마음이 되는 것이 자연스러웠습니다. 공부는 자신을 위해 또 사회에 기여하기 위해 열심히 하는 것이지 그것으로 인해 어떤 특별한 대우를 받는 것은 꿈에도 생각해 본 적이 없습니다.

그런데 요즘 중학교에서 공익근무를 하면서 한국 청소년들을 보니까 너무 마음이 아파요. 특히 공부를 잘하는 학생일수록 더 힘들어 한다는 것을 알게 됐어요. 공부 잘하는 것이 마치 족쇄 같습니다. 공부를 잘하기 때문에 더 좋은 성적을 내기 위해 친구들과 만나지 못하고 가족 모임이나 여가 생활에도 참여하지 못해서 인간관계에 심각한 문제가 있는 것을 봅니다. 혼자 있는 데 익숙한 아이들은 사람들이 다가오면 불편해 하고 심지어 어머니 외의 가족, 즉 교류가 적은 아버지나 형제들하고도 심각한 갈등을 겪는 것을 봅니다.

이렇게 자라는 청소년들을 보면서 늘 많은 사람들 사이에서 배려하고 기다리고 나누며 살게 하신 어머니의 교육법이 많은 면에서 부족한 저를 경쟁력 있는 사람으로 만드셨다는 사실을 다시 깨닫게 됩니다. 어머니가 늘 말씀해 주신 "고난이 네게 유익이라"는 말씀이 이제야 이해됩니다.

믿음을 삶으로 보여 주신 어머니

어머니는 오직 하나님을 의지하는 모습을 보여 주셨습니다. 이것이 다른 부모들과 다른 차별되는 특징이지요. 어머니는 기도와 말씀이 삶의 모든 문제의 답이라는 사실을 말이 아닌 행동으로 보여 주셨습니다. 그런 어머니를 가까이에서 보면서 우리는 그런 삶을 자연스럽게, 당연하게 배우고 터득하게 되었습니다.

말로 하는 훈계는 소용이 없습니다. 기도와 말씀을 통해 어머니의 삶이나 말이 변하는 걸 보면, 즉 행동으로 훈계하면 자기도 모르게 그 모습을 닮아 가게 됩니다. 말씀이 삶으로 변할 때 교육이 되는 것입니다.

어렸을 때는 교회가 우리 집인 줄 알아서 늘 "우리 집만큼 큰 집 있으면 나와 봐" 하고 자랑하고 다녔습니다. "우리 집에 가서 놀자" 하면서 친구들을 끌고 와서 놀곤 했지요. 한 번도 우리 집이 가난하다는 생각을 해본 적이 없어요. 왜냐면 우리 가족은 늘 남을 돕고 살았거든요. 어머니가 늘 본을 보여 주셨죠. 말보다는 행동으로 늘 남을 도우셨고 늘 무슨 일인가를 하고 계셨습니다. 그러면 저도 자연스럽게 어머니와 함께 일을 하게 되었고 그 일은 대부분 우리 가족보다는 남을 돕는 일이었지요.

스펙이 아닌 행복한 삶을 위해 배워라

어머니는 저에게 여러 가지를 시도해 보라고 하셨지만 어머니가 원하는 것을 강요하신 적은 없습니다. 그저 제가 무언가를 시작하면 조용히 지켜보시다가 "그건 너랑 잘 안 맞는 것 같구나. 다른 걸 찾아보는 게 어떠니?" 하시며 새로운 도전을 하도록 지원해 주셨죠.

예를 들면 제가 친구들이 많이 다니는 수학전문학원에 다닌 적이 있어요. 그 학원에서는 엄청난 양의 수학 문제를 매일 풀게 했는데 저는 그냥 친구들도 다니고 하니까 몇 달을 계속 다녔어요. 다른 어머니들은 수학이 필수 과목이니까 무조건 열심히 하라고 아이들을 다그치는데 어머니는 제가 수학에 별로 소질이 없다는 것을 알고 재미없으면 그만두라고 하셨어요. 피아노도 시작했다가 제가 별로 흥미를 느끼지 못하니까 그만두게 하셨죠. 그런 일로 저를 책망하신 적이 없어요.

대신에 제가 좋아하면서 잘할 수 있는 걸 찾도록 다양한 분야에 도전하게 하셨어요. 한문은 제 적성에 정말 맞지 않았지만 어머니는 도전조차 해보지 않으면 한문에 대해 전혀 알지 못하니까 어느 정도는 해보라고 하셨어요. 늘 그런 식이었어요.

모든 걸 잘할 수는 없지만 조금씩은 알아야 한다는 게 어머니의 교육 원칙이었고, 공부를 잘하는 것보다는 삶을 살아가는 데 도움이 되는 기본적인 것들을 끊임없이 배우게 하셨어요. 특히 어른을 대하는 법, 청소하는 법 따위를 성적보다 더 중요하게 생각하셨죠. 그것이 살아가는 데 얼마나 중요한 것인지를 저는 대학을 졸업한 후에야 알게 되었습니다.

사회에 나와 보면 성공적인 삶의 조건은 명문대 졸업이라는 학벌이나 성적이 아니라는 걸 알게 됩니다. 지혜로운 라이프스킬, 즉 원만한 인간관계와 긍정적인 가치관이 성공적인 삶을 이끄는 조건이지요. 성적이 아무리 좋아도 라이프스킬이 부족한 사람은 불행해질 수밖에 없어요. 어머니는 그걸 아신 분이었습니다.

음악은 크리스천의 필수 과목

형과 누나에게 그러셨듯이 저에게도 피아노를 계속 배우게 하셨어요. 그런데 피아노를 너무 좋아하던 형과 누나와는 달리 저는 피아노 치는 게 너무 싫었어요. 저는 어렸을 때 끈기가 좀 없는 편이었거든요. 그런데 지금 찬양인도자가 되어서 보니까 그때 피아노를 통해 악보 읽는 법을 배운 게 얼마나 다행인지 몰라요. 피아노는 모든 악기의 기본이라서 피아노를 칠 줄 알면 다른 악기의 악보도 대충 볼 수 있거든요. 이제야 어머니의 뜻을 깨닫고 있습니다.

어머니는 하나님을 믿는 사람은 어디를 가든지 하나님을 찬양하고 예배를 드려야 하는데 음악을 할 줄 알면 단순히 혼자서만 찬양하는 게 아니라 예배를 섬길 수 있으니 악기 하나는 반드시 해야 된다고 하셨어요. 단순히 지능 개발이나 스펙을 위해서가 아니라 하나님을 찬양하는 데 필요하기 때문에 피아노를 쳐야 한다고 생각하신 겁니다. 실제로 제가 외국을 다녀 보니까 말이 통하지 않아도 음악은 통하더군요. 만국 공통어는 영어가 아니라 음악이에요. 어머니는 그걸 아셨던 거예요. 지금은 피아노를 배우게 해주신 어머니가 너무나 감사해요.

성경에도 보면 하나님을 따라가면 세상 사람들은 생각도 못할 상황을 주시고 단번에 많은 사람들을 만나 큰일을 할 수 있게 되잖아요. 어머니는 저희가 그렇게 살기를 바라셨던 것 같아요. 그래서 단 한 번도 세상적인 기준을 가지고 교육하신 적이 없어요. 어머니의 모든 기준은 하나님인데, 그게 세상적인 눈으로 보면 고리타분하고 엄격해 보일지 모르지만, 제가 그 가르침대로 살아 보니까 세상 교육은 따라올 수 없는 기막힌 지혜의 길이더라고요. 그런 어머니가 늘 자랑스럽고 고마워요.

자녀들이 기억하는 엄마(막내아들 김명현) - 삶으로 모범을 보이셨다

나의 경쟁력은 어머니의 교육법
내가 공부를 해야 한다고 해서, 혹은 공부 좀 한다고 해서 공동체 생활이 뒷전이 된 적이 없다. 내 공부가, 혹은 내 재능이 사람들을 배려하고 사랑하는 일보다 더 중요하다고 배운 적도 없다. 오히려 내 개인의 성취나 만족감보다는 다른 사람의 고통이나 아픔을 먼저 해결하도록 배웠다. 공부는 자신을 위해 또 사회에 기여하기 위해 열심히 하는 것이지 그것으로 인해 어떤 특별한 대우를 받는 것은 꿈에도 생각해 본 적이 없다. 늘 많은 사람들 사이에서 배려하고 기다리고 나누며 살게 하신 어머니의 교육법이 많은 면에서 부족한 나를 경쟁력 있는 사람으로 만들었다.

삶으로 모범을 보이다
나는 어렸을 때 우리 집이 가난하다는 생각을 해본 적이 없다. 왜냐하면 우리는 늘 누군가를 돕고 살았기 때문이다. 어머니는 잠시도 가만히 있는 법이 없었는데 대부분이 남을 돕느라 그랬다. 어머니는 기도와 말씀이 삶의 모든 문제의 답이라는 사실을 말이 아닌 행동으로 보여 주셨다. 그런 어머니를 가까이에서 보면서 우리는 그런 삶을 자연스럽게, 당연하게 배우고 터득하게 되었다.

스펙이 아니라 하나님을 위해 배우라
어머니는 단순히 지능 개발이나 스펙을 위해서가 아니라 하나님을 찬양하는 데 필요하기 때문에 피아노를 쳐야 한다고 가르쳤다. 음악을 할 줄 알면 단순히 혼자서만 찬양하는 게 아니라 예배를 섬길 수 있으니 악기 하나는 반드시 해야 한다고 하셨다. 실제로 외국을 다녀 보니까 말이 통하지 않아도 음악은 통했다. 만국 공통어는 영어가 아니라 음악이다. 피아노를 배우게 해주신 어머니가 너무나 감사하다.

Chapter 10

빵점 엄마가 만점 엄마에게
살리는 교육에 올인하라

하나님의 마음을 가르치고 하나님의 마음으로 사는 삶이 내 아이를 살리는 교육이다.
그것이 하늘의 비밀을 내 아이의 삶에서 이뤄지게 하는 교육이다.
그것이 바로 세상의 스펙과는 비교할 수 없고, 천천히 남을 도우면서 가도
남보다 20년 30년을 앞서 달리게 하는 첨단 교육이다.

우상처럼 숭배하거나 방치하거나

요즘 젊은 엄마들은 교육전문가 뺨치게 아는 게 많다. 부지런한 엄마들은 웬만한 교육이론은 입에서 자연스럽게 나올 만큼 잘 알고 있고 학원이나 학습 교재의 정보도 발 빠르게 꿰고 있다. 자녀를 명문 대학에 보낸 어머니들의 교육 특강도 빠짐없이 듣는다. 아이들의 논술을 도와주기 위해 유명한 인문학 강의까지 부지런히 쫓아다닌다. 한마디로 흠잡을 데 없는 만점 부모들이다.

그런데 그런 가정일수록 이상한 점이 한두 가지가 아니다. 요즘 젊은 사람들의 가정을 보면 애가 신이다. 모두가 대입에 목숨을 걸어서 그런 것 같다. 하나님께서 나 외에 다른 신을 섬기지 말라고 했는데, 가만히 보면 애들을 명문 대학에 넣으려고 완전 우상처럼 섬기고 있다.

교회에서도 보면 잘사는 집일수록 애가 신이다. 주일날은 예배가 우선이어야 하는데 아이 스케줄이 더 우선이다. 아이 학원 시간에서

틈을 내 예배를 드리고 쥐도 새도 모르게 사라져 버린다. 그것도 주일 낮 예배 한 번 드리면 그만이다. 학생부, 소년부 예배도 드려야 교회 안에서 친구도 생기는데 그런 건 아예 기대할 수도 없다.

아이가 공부를 잘하면 잘할수록 부모 등쌀에 신앙과 멀어진다. 될 성부른 나무이니 일찌감치 성적 중심으로 모든 일정이 조정된다. 신앙 생활은 대학 가서 열심히 하면 된다는 논리에 밀린다. 성적도 좋고 머리도 좋은 아이들은 그렇게 일찌감치 구원에 대한 확신으로부터 멀어진다. 아이가 시험이라도 있는 날엔 예배는 당연히 빠지는 거고 그러면서 나에게 아이 시험 잘 보게 해달라고 기도를 부탁한다. 믿는 집 아이가 잘되는 것이 다 하나님의 영광에 보탬이 되는 것 아니냐면서 말이다. 그런 부탁을 받을 때마다 '이 기도를 어떻게 해야 하나' 마음이 어렵다.

그런데 아이가 친구가 있는지 없는지 학교생활은 어떻게 하는지 전혀 관심이 없다. 그런 부모 밑에서 자란 아이들은 공부를 못해서, 혹은 잘해도 부모의 기대치를 만족시킬 수 없어서 좌절하게 된다. 자살을 하는 아이들의 유언에서 가장 많이 등장하는 문구가 그 사실을 말해 준다.

"부모님 죄송해요. 못난 저를 용서해 주세요. 공부하는 게 죽고 싶을 만큼 힘들었지만 걱정시켜 드릴까 봐 말을 못했어요."

부모가 아이들을 그렇게 떠받드는데 정작 아이들은 고민이 있어도 부모에게 말을 하지 못한다. 자녀가 가장 두려워하는 것은 부모의 실망이기 때문이다. 부모가 꿈꾸는 상상 속 자녀의 이상형이, 지금 내 앞에서 나의 사랑을 원하는 자녀를 죽이고 있는 셈이다.

당신은 지금, 하나님이 아닌 돈의 힘을 가르치고 있다

하나님과의 시간을 구별하여 지킬 줄 모르는 부모는 사실 자녀를 위해서도 시간을 쓸 줄 모른다. 요즘 맞벌이 부부가 늘고 있는데 나는 별로 건강한 현상이라고 보지 않는다. 이런 가정은 통상 아이와 함께할 수 없는 시간을 돈으로 보상하듯 비싼 학원에 보낸다.

하나님과 마주 앉을 시간도 빼앗긴 아이들이 부모와 같이 있어야 할 시간마저 빼앗긴 채 살아간다. 그 아이들의 하루하루를 돌아가게 만드는 것은 돈이다. 그것을 아이들이 모를 리 없다. 그래서 초등학교에만 가면 아이들은 부모에게 돈 달라는 말 외엔 별로 할 말이 없어진다. 돈만 있으면 안 되는 게 없다. 부모가 없어도 하나님이 없어도 돈만 있으면 세상은 별 문제 없이 돌아간다고 생각하는 것이다. 믿노라 하면서도 하나님께 시간을 구별하여 드리지 못하면, 이렇게 믿음의 부모들이 아이들을 돈의 노예로 만들고 만다.

하나님은 우리에게 성공이나 명예를 달라고 하신 적이 없다. 단

한 가지 시간을 구별해서 드리라고 명령하셨다. 주일 성수, 예배, 기도 이 모든 게 시간을 드리는 것이다. 그런데 하나님과 마주 앉는 그 시간을 어떻게 돈으로 해결할 수 있는가?

나는 돈이 없고 너무 가난해서 세상의 이름난 교육 전문서도 읽을 여유가 없었다. 내 자식을 위해 뭐가 사 줄 경제적인 여유도 없었다. 물질 만능의 세상에서 그렇게 사는 게 너무 힘들어서 처음엔 하나님을 원망한 적도 많았다. 나도 세상에 나가 일할 수 있는 처지였다면 당장이라도 나가서 돈을 벌었을 것이다. 만일 깃털만큼이라도 세상적 여유가 있었다면 나도 열심히 세상의 교육 방법을 연구하고 경험하면서 주저 없이 내 아이들을 세상 교육의 소용돌이로 밀어 넣었을 것이다.

그러나 하나님은 내가 세상 것으로 아이들을 망치는 것을 허락하지 않으셨다. 목사인 아버지는 영의 자식들을 돌보느라 불철주야 바쁘시니 아이들에겐 오로지 엄마밖에 없었다. 그런데 내가 줄 수 있는 것은 하나님과의 관계, 그분의 사랑, 완벽하신 공급, 그리고 그 무엇도 겁나지 않을 만큼 완벽하게 지켜 주심, 늘 내 맘을 채우신 평강과 기쁨, 지혜, 그게 전부였다. 그걸 생각할 때마다 나를 가난하게 하신 하나님께 너무도 감사하다. 나를 세상에 대해 무지하게 만드시고, 돈이 없는 엄마에게 거저 풍성하게 주시는 하나님의 지혜로 아이들을 가르치게 하신 분은 하나님이시다.

같은 원리로 나는 가난한 신길동의 어머니들과 목회자 사모들에게 희망을 가지라고 말한다. 가난은 축복이다. 돈이 없어서 그만큼 세상의 것을 누리지 못하기 때문에 더 가능성이 많다고 말한다. 그 허전함을 하나님으로 채우라고 권한다.

그리고 이 권고는 많은 부유한 가정에도 마찬가지다. 가족이 쓰고도 남을 만큼 물질을 주셨다면 그것은 영혼 구원을 하는 데 쓰라고 주신 것이지 그걸로 내 자녀를 세상 재미에 빠지게 만들라고 주신 게 아니다. 내 아이들은 마음을 가난하게 하고 그 허전한 마음에 하나님을 채워야 한다. 그것이 교육이고 그것이 내 자녀의 미래를 위해 우리가 할 교육이다.

세상식 교육 vs. 신앙 교육
양자택일이 아닌 우선순위의 문제

세상적인 교육이 중요하지 않다는 게 아니다. 교육의 우선순위와 내용이 문제다. 당신은 정말 세상의 논리와 학문으로 아이들이 이 세상을 섬기며 이겨 나갈 수 있다고 생각하는가? 하루가 다르게 변하는 세상식 교육이론으로 내 아이를 경쟁력 있고 건강하며 모든 일에 긍정적인 사람으로 키울 수 있다고 생각하는가?

버지니아텍의 조승희 사건은 미국 동부를 교육의 요람으로 선망

하던 많은 부모들을 충격에 빠뜨렸다. 그의 부모는 아들이 공부를 잘해서 아무 문제가 없는 줄 알았다고 말했다. 나는 그런 가정을 볼 때 가장 마음이 아프다. 그렇게 잘생기고 똑똑한 아들이 만일 하나님의 세상을 향한 사랑을 알았다면 어떻게 달라졌을까? 막내 명현이는 조승희를 생각할 때마다 깊은 죄책감을 느낀다고 한다. 그 친구에게 예수님을 전했더라면, 믿는 자에게 기적으로 대답하시고, 나의 고통을 다른 이를 위로하는 데 사용하시는 회복의 하나님을 전했더라면, 그 친구는 어쩌면 많은 사람을 돕는 감동의 주인공이 되었을지도 모르기 때문이다.

어린아이들이 있는 집에 심방을 가면 글씨 공부를 시킨다고 벽마다 알록달록한 그림들을 붙여 놓은 걸 본다. 내가 봐도 절로 그림 속 영어단어가 외워질 것 같다. 우리 어머니들의 정성과 교육열은 정말 대단하다. 그런데 예수님이나 성경 말씀에 관한 것은 어디에도 없다. 그런 것은 어떻게 구하는지, 어떻게 만들면 좋은지 아는 바도 없다. 일단 엄마들이 시간이 나도 성경을 읽지 않는다. 아이들에게 성경 공부를 시키는 일은 교회에서나 하는 일쯤으로 여긴다. 그나마 이런저런 핑계를 대서 아이들이 싫다 하면 교회에도 데려오지 않는다. 학교도 쉽게 빠지는 세상에 교회 한 주 빠지는 건 더 간단한 문제로 여긴다.

세상 교육에 무지한 내가 아이들에게 가장 많이 시킨 건 성경 암송이다. 그것은 생명의 근원이신 하나님만이 생명을 살리는 지혜가 있다고 믿기 때문이다. 나는 아이들 마음에 하나님의 말씀이 들어가는 일에는 아낌없이 돈을 썼다. 없는 살림에도 성경을 암송하면 용돈을 두둑이 주었다. 세상 교육 방법을 모자이크해서 아이들에게 주입하는 데 나의 시간과 지혜를 쓰지 않고 하나님의 말씀을 하나라도 더 먹이는 데 사용했다. 그 모든 교육의 궁극적인 목적은 인생의 목적이 '영혼 구원'임을 가르치는 데 있었다.

그리고 나의 삶을 통해 '영혼 구원'의 삶을 보여 주는 데 주력했다. 믿지 않는 사람들을 가족처럼 섬기고 그들이 헐벗으면 입히고 목마르면 마시우고 굶주리면 먹이는 일을 아이들과 함께했다. 그런 삶을 살면서 아이들은 스스로 자신의 길을 결정했고 할 일을 찾아서 했다. 현실이 너무 버거워서 거세게 반항을 할 때도 아이들은 부모에 대해서는 단 한 번도 불평을 하거나 원망하지 않았다. 어렸을 때부터 열심히 마음에 심은 하나님 말씀의 역사다.

아이들에게 하나님의 말씀을 먹이려면 젖먹이 갓난 아기 때부터 엄마가 교회에서 살아야 한다. 교회를 아이의 학교로 삼아야 한다. 그리고 자나 깨나 말씀을 읽고 묵상해야 한다. 소가 풀을 먹고 네 번을 소화시켜서 새끼에게 젖을 먹이듯이 아이에게 하늘의 양식을 먹여 키워야 한다.

아이들이 교회에서 울고 떠들어도 괜찮다. 천천히 훈련시키면 된다. 업고라도 와서 하나님 말씀을 듣게 해야 한다. 살아 움직이는 하나님의 말씀이 그 귀를 통해 마음으로 들어가면 그다음은 하나님이 하신다는 믿음이 있어야 한다. 그런 믿음으로 아이들이 주말에 학원에 가거나 놀러 갈 때는 엄하게 혼내고 주일을 지켜야 하는 이유, 예배를 드려야 하는 이유를 가르쳐야 한다.

하나님의 마음을 가르치고 하나님의 마음으로 사는 삶이 내 아이를 살리는 교육이다. 그것이 하늘의 비밀을 내 아이의 삶에서 이뤄지게 하는 교육이다. 그것이 바로 세상의 스펙과는 비교할 수 없고, 천천히 남을 도우면서 가도 남보다 20년 30년을 앞서 달리게 하는 첨단 교육이다.

빵점 엄마가 만점 엄마에게 - 살리는 교육에 올인하라

세상 것으로 아이를 망치지 말라

하나님은 우리에게 성공이나 명예를 달라고 하신 적이 없다. 단 한 가지 시간을 구별해서 드리라고 명령하셨다. 주일 성수, 예배, 기도 이 모든 게 시간을 드리는 것이다. 나는 너무 가난해서 우리 아이들에게 하나님의 사랑과 완벽한 공급, 지켜 주심을 가르치는 것밖에는 줄 게 없었다. 하나님은 나를 세상에 무지한 엄마로 만드시고 하나님의 지혜로 아이들을 가르치게 하셨다. 세상 것으로는 아이를 망쳐 버린다. 아이들은 마음을 가난하게 하고 그 허전한 마음에 하나님을 채워야 한다. 그것이 내 자녀의 미래를 위해 우리가 할 교육이다.

말씀을 심으면 삶에서 역사로 나타난다

나는 아이들 마음에 하나님 말씀이 들어가는 일에는 아낌없이 돈을 썼다. 없는 살림에도 성경을 암송하면 용돈을 두둑이 주었다. 세상 교육 방법을 모자이크해서 아이들에게 주입하는 데 나의 시간과 지혜를 쓰지 않고 하나님의 말씀을 하나라도 더 먹이는 데 사용했다. 인생의 목적이 '영혼 구원'에 있음을 힘써 가르쳤고 그것을 내 삶으로 보여 주는 데 주력했다. 믿지 않는 사람들을 가족처럼 섬기고 그들이 헐벗으면 입히고 목마르면 마시우고 굶주리면 먹이는 일을 아이들과 함께했다. 그런 삶을 살면서 아이들은 스스로 자신의 길을 결정했고 할 일을 찾아서 했다. 현실이 너무 버거워서 거세게 반항할 때도 아이들은 부모에 대해서는 단 한 번도 불평하거나 원망하지 않았다. 어렸을 때부터 열심히 마음에 심은 하나님 말씀의 역사다.